俳風画風・百句

服部 治

画 夢中 巌

リンケージ・パブリッシング

春

新芽立つ林静かに風包む

やわらかな陽光が日毎に輝きを増してくると、もう春への確実なステップだ。野道も向こうの林もしだいに彩りが鮮やかとなる。野道には、黄色や桃色の小さな花があちこちに咲き出した。ずうーと鈍い色調だった林にも、浅い緑への移り

変わりがはっきりと目にすることができる。

こんな季節の変化をどこかで心待ちにしている気分は、だれしも持っている。しかも、春がきたなぁという実感のなかには、小さくとも弾むものが存在している。やはり弾むという気分は、春を迎える際の自然体でもあるようだ。

向こうの林の動きはどうだろうか。木々が揺れているのが見える。その揺れ方が、林のざわめきになって一つの情景をつくっている。早くも木々に新芽が付いて浅緑の領域をつくる。それぞれにわれわれの季節だ、という新しい季節への生命感をにじませている気配。

林は木々を見守っているかのような構図をつくり、吹き寄せてくる風も林のなかに包まれている。新芽立つ林には、大きくゆったりとした雰囲気がある。陽の光がちょっと強まってきたようだ。日毎に春への態勢が定まって行くのだろうと推察できる。

林に東の方角から吹いてきた風は、意外にやわらかそうだ。


（昭和57年・1982）

たらの芽の揚げ立て山野連れて来る

木曾の春は遅い。四月というものの寒気が残っており、御嶽山には残雪が拡がっていた。前方に聳える御嶽を見ながら山裾を少し歩いた。それが自分にとって精いっぱいの歩行力。御嶽の寒気には山歩きを楽しむ余裕などほとんどなかった。

やや震えながら下っていくと、広々とした高原に位置する開田村の情景を目にすることができた。

その折、大学OB会のメンバーとともに、ご当地のうまい蕎麦をいただく。広いテーブルには、蕎麦とビールと〈揚げ立てのたらの芽〉天麩羅が運ばれてきた。早速、たらの芽を口にしたとき〔これはいける〕。まるで、さわやかな早春の山野を連想させ、一緒に味わうような雰囲気となった。たらの芽の味覚は、ビールの量を増やしていったのはごく自然の態。ほろ酔い気分のなかで、ふと学生時代の夏休みに木曽福島で参加した正調・木曾節の特訓を思い起こしていた。

♪ヨイヨイヨイのヨイヨイヨイヨーイ
　あの娘ナァ仲乗りさん　あの娘十八　ナンジャラホイ
　隣の村へお嫁入り　ヨイヨイヨイのヨイヨイヨーイ♪

懐かしきかな、木曾節だ。若い日の木曾旅行をちょっと気分に馳せてたらの芽の味を楽しみながら、ビールの泡の中に四十年前の歳月を織り込んだ木曾御嶽となった。

（平成14年・2002）

菜の花や木曽三川の海に入る

短い旅でも、車窓から見える季節の変化は独特の味わいとなる。四季折々の色彩を楽しむことができる時間は、旅の満足感をさらに高める。新幹線で名古屋から岐阜羽島までは、三〇分足らずだが、この間に広大な木曽三川（揖斐川、長良

川、木曽川）を一挙に見て渡ることになる。

川波が輝き、野鳥が飛び交っている情景はまた格別だ。

その三川を美しく彩っているのは、菜の花。春の訪れを伝えてくれる川堤からのメッセージかもしれない。陽に輝いている川波の向こうに菜の花が群となって咲いているのが車窓から見えた。蒔かれて成長したものか、自然に生育して花をつけたものか。菜の花が揺れているのは、春の風のせいだろう。

三川の悠々とした流れには、揖斐川、長良川、木曽川の固有の形をもっている。そして共通の雰囲気もある。三川は流れの中に菜の花を映しながら、独自のペースで進んでいる。その先にあるのは伊勢湾。注ぎ込む勢いはいつもの形状だ。

川堤の菜の花は、いつまでその彩りを維持できるのか。季節の移りは、木曾三川の新しいイメージをもう準備しているにちがいない。次の準備具合をちょっと訊いてみたい気もする。

今日も三川の流れはゆったりとして、川波を光らせながら海に入る。


（平成12年・2000）

朝方の日に紅梅の開きたり

朝の日が静かに輝いているなかで、木々の葉のざわめきは風の動きを示していた。まだ寒気が強いと感じるほどで、それだけに春の訪れが待たれる日々。空を見上げると、薄い青空も見えて今日は天気がよさそうだ。やはり、早めに春の訪

れを予報してくれるのは、紅梅の開花である。

早春を表明する花といって、いいのでないだろうか。

朝日が射している紅梅の木に目をやると、昨日まで硬い蕾のように思われた紅梅が一輪だけ蕾から花へと情景を移している。春を迎えるときの小さな感動となって受け止めた。

ことし初めての紅梅が開いた。紅い色は淡い色調であったけれども、開いた花弁はしっかりした表情をつくっていた。

もうすぐ野鳥が飛び交う時間となる。庭の餌台に集まってくるはずだ。野鳥のさえずりは、朝方の日の中にうまく溶け込んでいるように思われる。やがて、いつものように餌台に眼白がやってきて止まった。絶えず周りに目を配りながらの食事はたいへんだ。それでも、ひたすら餌台に置かれたみかんを食べる動きはやめないでいる。紅梅が咲き出すと、そちらの方にも行動範囲を広げていかなければならない。

紅梅は静かな朝の日を受けて、想像を超えた強い意思をもって咲きそろうのだろうか。朝方の日の空がしだいに澄んできた。

（平成8年・1996）

遠霞やまなみ籠めてしずかなり

春の朝方は二つの面をもっている。一つは近くにさえずる鳥の声、もう一つは遠くに霞んで見えるやまなみの姿である。木々の彩りも日ごとに鮮やかになってくると、街路の脇に植えられた花にも眼を注ぐようになるから不思議だ。今日も

いい天気だけれども、前方に見えるやまなみの形容は、遠くかすんでいる。春の特徴ある風景といえよう。

遠霞のやまなみは青みかかった曇り空模様。遠霞は、山を包むようにして季節感を表明している。霞に包まれた山は、いつも美しく見える。それは、ほのぼのとした見る側からの山への連帯感かもしれない。

どうやら霞というのは、全体像をやわらかくしている、あるいはぼんやりさせているといった受け止め方が多いと思われるが。そうした印象が春ののどかな雰囲気と相性が合っている。

さて、連山をつくるやまなみの言い分はどうだろうか。やまなみのどの辺がいいのかは、山を眺める側からの評価でなければならないだろう。そんな詮索をしている間に、いままで映っていた遠霞の形容がだんだんと変わって、山の稜線がはっきり見えてきた。

静かなやまなみの情景は、春を彩る確かな一節。遠霞はその情景を支えているメロディと受け止めることはできないだろうか。明日にはどんな情景をつくってくれるのか、また楽しみでもある。

（平成13年・2001）

早苗田やみどり一線たゆまざる

二週間ほど経って見た郊外の田んぼの風景は一様に大きく変わっていた。乾いた黒い土、雑草も生えていた田んぼの様相がすでに小波を立てた早苗田となっている。水を湛えた景色は、新しい季節の到来を表示するものであった。

植えられた早苗はわずかな風にも反応しながら、その立つ位置をさりげなく整えているかのような動きである。横に、縦に揺れながら動きを止めることはない。早苗の立ち並ぶ形は、みどり一線を成している。緑色の整列となって水田を構成。春の緑のたゆまざる画面を描いている。

五月の田んぼはわずかな日数の中で、水を呼びこみながら早苗田へと変身していく。いま植えられた早苗の位置の美しさを改めて見る思いである。しだいに天候の変化の中が早苗にさまざまな形で影響を与えてゆく。

やがて早苗が生育して夏を迎え、収獲の秋を迎えることになる。それまでには、いくつかのハードルを越えなければならない。自然環境への適応、自然変化への対処、それは戦いの日々となるわけだ。戦いという言い方は大仰かもしれないが、春の早苗から秋の実りの稲までに注がれる人手、労力は戦いの連続ともいえるもの。

目前の水田に描かれた早苗の美しい緑の線は、安定した位置の強さを示している。その線上を燕が勢いよく飛び去っていった。

（平成22年・2010）

川となり風走りゆく花吹雪

伊豆高原駅を降りると、ほど近く桜並木の道が延びている。花の季節には、美しいさくら街道を歩いている気分になる。桜のもつ艶っぽさと併せて、この花の道をゆっくり歩いて楽しむという贅沢さが、その気分に繋がっているのかもしれ

ない。近くの花の咲き具合、遠くの花の様子などに目をやりながら、改めて、桜に魅了された時間を味わう。

その日、満開の盛りを過ぎた日の午後だった。花を見るにはちょっと遅かったかなとも思ったが、その予想は外れた。外れたことが、さいわいした場面となった。強い風が吹いてきた。花弁が散ってきた。しばらくして、しだいに強い風となり木々の間を縫って花を追いかけ、吹き上げる風向きとなった。桜をゆっくりと眺めていた状況はにわかに一変。風は桜並木を一挙に走り抜け、花吹雪の情景をつくる。

花は無数に舞い落ちて、やさしい花の街道はさくらの花弁で覆われた。あたかもさくらの川となって流れていくようだ。

桜が舞うのは、風の向くまま、気の向くままか。その方向は、ときに変わりうるもの。花吹雪となった動きが風によって異なる波動を示していく様子は、おもしろい。

春の風は、ときにやさしく花を飾り、また変化させて、新しい季節の美しさを呼び寄せようと微笑みながら思案しているのだろうか。

（平成2年・1990）

立春や空の青さと光る川

空の色は、確かに季節感を反映している。殊に青い空といっても、青のもつ色彩はそれぞれに特徴をもつ。一月下旬から二月上旬へのなかで、今日の立春の日のまぶしさはどうだろう。それまでに見なかった空の青さに思わず感動の一瞬が

よぎる。二十四節季の一つである立春は、まさに春の訪れを表徴する日。万物の生気を呼び覚ます節目だ。まだちょっと先になる春も、今日の空の明るさには、いよいよ春来るか、と待っていた気持ちを膨らませてくれるようだ。

いままで枯れ草で覆われていた川岸にも、ところどころに淡い緑の線となって野草が葉をつけ始めた。そこに、雀が集まって盛んに野草の周りをつついている。川岸の野草が元気づくと、川岸の周辺の景色がしだいに春へ向けた雰囲気を盛り上げることになる。タンポポやナズナもやがて、花を咲かせるに違いない。春到来の合図となるだろう。

野草の先に見えるのは、葦の群。まだ枯れた状態である。春の季節が近づくと次第に彩りを加えることになる。葦の群を支えている水も、日ごとに〈水温む候〉へと変わっていく。

ゆったりと流れる川は、青色を加えてきた空の下で、光っている。その川波の輝きが一層広がっていく日も、そう遠くないはずだ。

立春の空、立春の川には、春への讃歌が見え隠れして聞こえてくる。

（平成7年・1995）

残雪の峰浮き彫りに晴れわたり

新幹線の米原を過ぎてほどなくすすむうちに車窓から見えてくるのは、伊吹山の山容だ。標高一三七七mの山頂あたりは、植物類も多種。春から夏へかけて、ヤマブキソウ（葉のわきから花柄の先に花がつく）、エンレイソウ（花は角を怒

らせた牡牛の顔のように見える）などが咲きそろう。

三月中旬にはまだ残雪のある山の景色。空は早春の色を帯びて青く、残雪と程よいコントラストを見せていた。

東京―博多間の旅の初日。出足は上々との気分を強くしたものである。やはり伊吹山の残雪の峰の美しさを改めて意識する機会となった。山頂からのなだらかな稜線は、どっしりと構えた堂々の雄姿ともいえるもの。

伊吹山も四季の変化は車窓からも捉えることができる。新幹線からは見る情景は数分も足りない短い時間だけれども、山の色の変化は多くの人が気づいていると思われるが、どうだろうか。春、夏、秋、冬にそれぞれに山の表情を見せている。

後日、西遊歩道の入り口には、松尾芭蕉の句碑が建っていることを知った。

〈　そのままよ月もたのまし伊吹山　〉

いまは早春の華麗さを彷彿とさせて、伊吹山がなにか語ろうとしているような気配。わずかな時間の中で、その動きを堪能したいものだ。淡く晴れた空は、残雪の峰を鮮やかにクローズアップさせていた。


（平成13年・2001）

大桜山中に立ち空に立つ

小高い山を登って行く。春を迎えたことの実感は箱根の山中でも、強く味わうことができる。前方に周囲の木々から抜きん出て、圧倒して見せているのが大きな桜の木だ。満開となった桜は、悠然と構えて山の春を象徴したかのような景観

をつくっていた。

これだけ大きな山桜は見たことがなかった、といえるかもしれない。

太くたくましい幹、拡がる枝ぶりは、改めて桜の美しさを強調していた。大きな声で空に向かって呼び掛けているようだ。その印象は、ずしりと重い響きとなって迫ってくる。

大きな桜は、広い空に聳え立つ。それだけで一幅の豪華な絵巻物である。背景には青空でなくても、山の中の大桜は、確かな位置を保っている。そんなに強くなく、そっと吹く風にも、花弁が反応して舞い散ってくる。樹下の地面に落ちてくるには、少し時間が必要だ。風の吹きようで舞い落ちる様子が違っているように思われる。

ひらひらと舞う花、飛びまわる花などさまざまな表情を見せていた。

桜の花の舞い散る様は、剛毅な大桜の垣間見せた穏やかなひとつの場面だったのだろうか。

長い歳月を経て、いま立つ大桜の花びらの下で、ちょっと敬意を表してみたい気持ちが高まってくる。


（平成4年・1992）

春暁や雨ひとつ戸に響きけり

春が近づいて来たという実感は、なにか気持ちをちょっと高揚させてくれるものがある。それは、見るもの、聞くもの、食べるものなど、さまざまな場面や機会となって、〈春来たる〉待望感の弾みに繋がっていく。

それでも、〈春眠不覚暁　處處聞啼鳥〉（「春暁」孟浩然）と詠われたように、春の朝はなんとなく眠いことは確かだ。程よい時間。殊に休日の朝は、気分がゆったりとして眠いという心持をそのまま持続することができる。ありがたい朝、ということになる。

ふと眼を覚ます春の朝となった。まだ夜が明け切らない早朝。雨が降っているようだ。動かない時間のなかで、ぽつりと雨が落ちた戸に当たる。激しく降っているわけではないのに、ひとつの雨音が大きく反響した。蒲団のなかで聴いていると、やや大仰だが、静寂を打ち破る響きといえるほど。それはびっくりしたというよりも、むしろ、快い春のリズムとして受け止めることができた。

春に向かうリズムは、三月になると加速化してくる。梅、桃の盛んな時期を経て、桜前線北上が伝えられる。春の花々が咲き誇るのは、晴れ日でなければならない。晴れた日の花は、またその美しさを大きくするから不思議だ。

ところで春の雨のいいところはないものだろうか。たまには、居ごごちのいい春眠から目を覚まして、雨のリズムを聞くのもわるくはない。ひとつの雨音で、快い春を探すきっかけになるかもしれないのだ。

（平成12年・2000）

紅梅のひとひら散りて水輪生む

紅梅が蕾から開花となるときは、ちょうど春の訪れの告知となる。今年もまた開花の時期を迎えた。眼白が飛んできて、花弁を突っつくのは、もう少し後になるかもしれない。

いま淡い紅梅の花は、しっかりとした形で風を受けている。微風といえないやや強めの風が時折吹いてくるけれども、紅梅はたじろぐことなく咲き染めた表情を堅固に維持している。

やがて、小さい枝、大きい枝に紅梅が花を開くときは、まさに早春の謳歌といった味わいがある。その数日後には、わずかな風にも紅梅の花弁の反応は鋭い。風に乗ってひらひら舞い落ちていくではないか。その行き先は小さな池に。

花弁が静かに水面に止まると、そのとき水輪が生まれる。水輪の広がりに応じて花弁は水中で揺れ動く。紅梅の意志は後退して、もはや水の気分にゆだねたようなもの。

水輪が広がる情景ということであれば、それは、ひとつの図式と受け止めよう。そんな水輪への凝視は予想もしない展開となった。小池にいたメダカが花弁の回りに来て、ざわついた雰囲気となっている。紅梅とメダカの組み合わせもわるくない。

可憐な紅梅の花弁を、いまも小池ではそっと迎えているのだろうか。

（平成8年・1996）

降り敷けて鉄路を埋める落花かな

沿線を走る電車のスピードは早いなあという実感はほとんどないが、乗る側にとってはなんとなく落ち着いた心理状態を維持できるのは有難い。車窓から見える動きは見慣れたものであっても、季節によってその色彩が異なるのは魅力のひ

とつ。

それぞれの春、夏、秋、冬の季節は沿線の景観を演出するプロデューサーだ。沿線の両側には、木々の茂みも大きくなって並んでいる。杉の木が多く、ところどころに竹林も見える。幾年も鉄道の移り変わりを見続けてきた木々たちに「昔とどう変わりましたか」と訊いてみたい気もする。案外「あまり変わっていませんよ」といまの自然の形を自慢げに語ってくれるかもしれない。

今年もまた蕾をつけ、開いて、散っていくさくらの営みは、淡然として進んでいく。やがて華やかな数日間のあと、わずかな風にも舞い上がり舞い落ちる場面を迎える。そうなると、これまでの鉄路の硬い情景が一変。やわらかく眼に映ってくるのは、鉄路の上に舞う桜、そこを埋め尽くした落花への感慨だ。いま花の敷道がずぅーと続いている。

落花に埋められた鉄路は魅力を加えて、四季のひとつの彩りとしての位置付けを確かに高めた。改めて落花への思いを、こんどは鉄路側に立っていちど問うことにしよう。


（平成6年・1994）

紅梅の浮く手水鉢猫の来る

風は強くなかったけれども、さあーと吹いてくると、紅梅の花弁がひらひらと舞う。この舞い散っていく様子では、盛んな時が過ぎたと思われる。紅梅が早春の陽のなかで、蕾から開花へとすすむ変化の形はたしかな妙味。

舞い落ちた下は、手水鉢。もう鉢には紅梅の花弁がたくさん浮いている。一陣のそよ風で、水に浮いた花弁が左に、また右に動いていく。なんとそんな動きをいつの間に来たのか、野良猫が庭の片隅からじっと眺めているではないか。おそらく、いつもの獲物を狙うすり足、忍び足で寄って来たのであろう。

まさか、手水鉢に浮かぶ花弁の揺れ動く風情を楽しんでいるとは思えない。確かに魂胆があるはず。手水鉢に寄ってくる獲物を待機していると見るのが妥当。獲物は現れず、野良猫は退散した。その際は、もうすり足、忍び足でなく、平常型であった。

前に、野良猫が獲物を狙う場面を見たことがある。異常な動作へと変ずる。餌台に載せたみかんをメジロがついばむに訪れる。ヒヨドリなども来る。さてそこで、野良猫はその死角に待機し一メートル余の餌台をめがけて一挙にジャンプ。届かなかったけれど、飛びかかろうとする迫力は満点。野良猫のしたたかさを垣間見た思いだった。やはり、紅梅と猫の相性は良くないのかもしれない。手水鉢に浮かぶ花弁は、風の吹くまま、その支配下にある。

（平成9年・1997）

日の暮れてほのかに明し雪柳

春の夕暮れどきは、ゆったりと流れて行く。いままで夕日を受けて赤らんで見えた雲もだんだんと淡い色に変わり、暗い空が広がっていく気配となった。街に続く家並みの一角に、ほのかに明るい景色が浮かんでいるように見える。

垣根を越えてその明るさが漂っているようだ。まわりを明るくさせているのは、小さな花をいっぱいに付けて群となっている雪柳。今が盛りである。静かな春の夕暮れに明かりとなって振る舞う様子は、雪柳のもっている隠れた力といえるようだ。小さな花でも、数を合わせると群となる。

もともと雪柳は一本の木から小枝を伸ばし膨らんだ形をつくっている。そのふくらみが明りとなり、夕暮れの鮮明な色を構成している。その中をユニホームを着た子供たちが弾んだ声で自転車に乗って家路を急ぐ。背中のバックにはグローブやボールが収められているはずだ。

雪柳のほのかな明るさは、彼らにとって無関係ともいえようが、勝利を語るとき、なにげなく眼に入った白い雪柳の花は美しいなあと思わせるきっかけになるかもしれない。

この際、群となって咲いている雪柳には秘めたる魅力を内包していることを、ちょっと確認しておきたいと感じているところ。

（平成7年・1995）

岩に寄す波春光を呼びゐたる

海の色もしだいに変化してきた。厳寒の海面に比べて明るさが加わってきた気配。明るさは海の色だけにとどまらない。岩場にも、岸辺にも予想より早いピッチで広がっていく。

季節の移り変わりは普段の生活の中では、それほど敏感に受け止めることはないけれども、場所や、場面によって季節感がぐっと高まることがあるのも、また実情。

天気のいい日には、ちょっと海へ出てみようかなあ、と思い始めたら、春が近づいてきた自分なりの予報と心得る。夜明けの潮騒に、ふと目を覚ますことがあるが、これも春への気持ちを高める呼び鈴といえる。

気分を乗せて海に出た。輝いて見える波は、もう湘南の春の色だ。三月の遅い海は、磯伝いにそっと歩いている人たちへの足取りを、ときに立ち止まらせることがある。それでも、さっとくる波しぶきを避けようとする表情はやわらかい。

波が押し寄せてくると、そのたびに子どもの歓声が上がる。あれは、春の訪れを待っている歓迎の声に違いない。波間に輝き岩にぶつかる波の光は、もう春の到来を告げる季節の合図だろう。

また子どもの歓声がひときわ大きくなった。海からの新しい季節の息吹に応えて、岸辺からの「春よ来い」の意思表示である。

（昭和63年・1988）

桜散る鏡花を偲ぶ川舞台

四月の金沢は、それまでの肌寒い季節から転じて確かな春の歩調、なにかそわそわとした気分の季節となる。そんな気分を表徴するのが〔浅野川園遊会〕である。両岸の桜が一斉に咲いて、春爛慢を味わうことになる。

二月頃に案内のポスターが街の中に掲示されると、一挙に園遊会への話題が高まってくる。今年はどんな舞台となるのだろうか、と。

両岸を挟んでつくられる、いわば川舞台の位置は、天神橋と浅野大橋の中間ぐらいに設置される。両岸をロープで繋いだ歩道で、左岸から右岸へ、右岸から左岸への往来は自由。舞台の賑やかな春の午後を楽しむ。近くにある東の茶屋街から綺麗な芸妓さんも出演。踊り、三味線などにわくわくした見物の人たちの表情はやわらかい。

この川舞台の傍にある梅の橋の脇には、泉鏡花の名作『瀧の白糸』の記念碑が建っている。鏡花の生家は、ここから六，七分ほどの距離。少年時代から聴き慣れたであろう三味の音をどう受け止めていたのだろうか、興味をそそられるところだ。鏡花の思いを忖度すれば、満開の桜の下にいるよりも、風に吹かれて桜が舞い落ちて来る様を眺めている情景のほうが似つかわしい。

鏡花が浅野川畔に散歩に出かけたときには、そっと散る桜に熱い思いを託していたのかもしれない。

（平成10年・１９９８）

さんしゅゆの黄色小紋や蝶のごと

小さな黄色の花が開くと、周りはぐっと明るい雰囲気を漂わせる。さんしゅゆの咲く前の蕾の状態と、咲いた後の華やいだ表情には、別世界といえるほどの違いがある。それまでの枯れ枝のような木々に黄色の花が開いて、その一つ一つが

まるで小紋のような風情をもっている。小さいけれども、鮮明さをしっかりもったさんしゅゆは、春の謳歌を早めに知らせる使者でもある。可憐な美しさに賛嘆を惜しまない。

春の季節は、ときに青空のさわやかな日となることも経験するところ。空の碧さを背景にして黄色の小さい花が精いっぱいに咲いている様子は、止まるべき花を探している蝶の振る舞いにも、似ている。本来、蝶は花から花へと移動して、蜜を吸い栄養を付けるわけだが、その行動はすばやい。刻々の時間で、多くのチャンスを求める必死の行動なのかもしれない。いまの様子は決して、楽しく舞っている状況にはない。

では、さんしゅゆの花はどうとらえればいいのか。じっと止まっている蝶ということになる。動かないのだ。そんなとき、春風に誘われて小紋のような花が、揺れ動いて蝶と化す。

黄色の小さな蝶は、さんしゅゆの中にきっといるに違いない。恥ずかしげに隠れている。

（平成15年・2003）

草餅や母百歳の掌に包む

空は広がって、やわらかな陽射しの日となる。春というには、めずらしいほどの空の碧さだ。近くに見える山の色も淡い緑が多くなった。

久しぶりに帰った故郷の春は、いい心持ちのするところ。一息つくと、「お茶が入っているよ。」と声がかかって縁側に向かうと、草餅が用意されていた。ヨモギの香りを乗せた草餅を口にしたとき、遠い日、母が作ってくれた草餅の味をそっと思い出していた。

草餅は母の得意とするところだったのか、しばしば作ってくれたもので、その味はふるさとの味に繋がっている。お菓子などなかった当時には、母特製の草餅は貴重だった。甘い味を楽しむ大事な機会。

草餅のヨモギのたくさん採れるところは川原か、線路の土堤。少年にとって遊びながらのヨモギ採りは、ずいぶんと時間がかかった。

後年、土産に草餅を買って帰り、母と一緒に縁側で食べた記憶がある。うまそうに喜んで食べていたその表情は忘れ難い。ずっと元気で過ごしてきた母は、さいわい百歳を全うすることができた。

いま縁側に座って草餅を味わうとき、山裾の田んぼから吹いてくる微風のなかで、いろいろな情景が思い起こされる。その真ん中に浮かび上がってくるのは、草餅を大事そうに掌に包んでいた百歳の静かな母の笑顔。あのとき、ひと言訊いておけばよかったのかな「今日の具合は、どうー」。

（平成8年・1996）

教え子と交わす酒杯や花時雨

久しぶりに会う教え子の顔は、それぞれに、彼、彼女らの生活史を織り込んでいた。目と目で、手と手で交わす懐かしさという包みの中身には、一挙に学生時代にタイム・スリップできる心地よさがある。

「おぉー」「まぁー」の挨拶もほどほどに、出席者はほぼ一様にこれまでのさまざまな思い出を忘れずに交歓する。一同に会う場には、なんともうれしい雰囲気がいっぱいだ。

卒業後、定例となった再会の場には話題も尽きることがない。そして卓上には、記念を込めてゼミ諸君から贈られた帽子が載せられている。

今日は酒量もほどほどに、という気持ちも賑やかな交歓がすすむうちに、しだいに薄められていく。談笑の輪が広がり、酒杯はまた重ねられていく。学生時代の印象がそのままつながる人、だいぶ違った表情を見せる人など。まずは、諸君らの日々の頑張りにいっぱいの声援《光風立旗》を贈ろう。

窓の外を見ると、満開の桜だ。その美しさも話題となって、盛り上がりを見せていたが、どうやらひと雨来そうな雲行きとなった。やっぱりひと雨来た。その折、雨のせいだろうか、桜の花びらがひらひらと舞い落ちた。

全員起立！。かつて神宮球場を沸かせた応援団長・A君のリードのもとに、校歌斉唱・応援歌。じーんとくる感激を諸君とともに。今日もまた、胸中を熱くしていた。

（平成16年・2004）

雲流れ四月の光り川に入る

四月を迎えると、もう春の確かな歩調。とはいっても、その歩調のテンポは近年、定まった状態といえないようだ。春の訪れを表徴するのは、やはり桜の開花。気象庁の開花宣言は多くの人たちにとって関心のあるところ。あの宣言によって、

いよいよ春来たるの気分をぐっと高めることとなる。

冬から春への移行の中で変化してきた動きは、どこにあるのだろうか。野草の花が蕾を付け開花へとすすむ。野草の勢いが春を迎える準備態勢のひとつだ。それに呼応するかのように、咲き誇る花々へのまなざしがなんとなく強くなっていく。

空を見上げると、どうだろう。雲の動きは三月と違っているように思われる。日差しがやわらかくなり、快晴の空は、もう青さを鮮明にしているではないか。四月の陽光はせせらぎのなかで輝きを加えていく。川面がきらきら光って見えるのは、四月の川の動きの表明。雲がゆっくり流れて冬の季節には見られなった光の強さに、もう変わってきている。

四月になると、子供たちの元気な声が浅瀬から聞こえてくる。水が温んだことが一挙に川への親近感となっていくようだ。そろそろ今年も、四月の川は子供たちの遊びの楽しい舞台になっていくだろう。果たして、大人は川面の輝きに季節の味をゆっくりと噛みしめるのだろうか。


（昭和60年・1985）

公園を掃く背に桜散りにけり

桜の季節は、西から東へ、そして北へと盛時を移行してゆく。その期間に繰り広げられる開花の華やかさ、散り際のはかなさがいっそう桜への愛惜を高めさせる。各地の公園には、桜の木が多い。人の集まる場所には、満開の下でそれぞれ

に桜に寄せる人々の思いは実に様々な形であろうと思われる。

美しい風景に各様の感慨を合わせて見る。時にうれしく、時に哀しみを織り込んでいるのだ。公園の桜は昼間も、夜もいい。夜桜の上に月がしずかに輝いている情景は、さらに気持ちをほっとさせてくれる時間。そこには、日本人のもつ心情の中に呼応するものがあるからだろう、と察したい。

かつて訪れた姫路城の桜も見事であった。駅を降りると前方に国宝・姫路城がその豪華な威容を見せてくれる。広い公園の中に入ると、桜の花が舞いかかった。美しさを堪能するその日の幕開けといえたかもしれない。散策しているとき、向こう側で公園を清掃している人の動きが見えた。風がまた吹いてきて散った花弁が掃いている人の背に止まった。落ちそうで落ちない背の花弁もひとつの景色をつくっていた。花弁は風の吹き様で変わる。

午後の公園の花弁は空に舞い、人の背に止まる。背についた花弁は、いつ落ちていくのか。静かなひとときとなる。


（平成6年・1994）

水の面の月揺らしたる蜆かな

海水・淡水の貝は多種類である。味もそれぞれに佳し。貝も季節による旬があるはずだが、やはり冬の貝がうまいと決め込む。太平洋側と日本海側でも獲れる種類に違いがある。それでも、各地で獲れて広く愛好されているのが蜆。お馴染

みの味だ。

いよいよ蜆を食べる用意が整った。水を多めに入れた桶に蜆を無造作に入れる。ポチャン、ポチャンと水が弾く。桶の中に入った蜆は、しばらくは不動の形なのか、沈んだままの状態を維持していた。

月に照らされた桶の水面は、月明かりで光っている。いま月が水面に映っているではないか。やがて、水面がわずかに揺れているのが分かる。蜆の動きが水面に伝わって、水面が揺れる状態となる。

蜆は動くことで、自分のポジションを有利にしょうとでも試みているだろうか。それでも水中の移動によって、水面に映っていた月の映像が変わってくることは確かである。

見上げると大きな月。月の近くには、やや雲も出ているが、ひと雨来そうかといえば、そうでもない。この様子だと、あまり心配はなさそうだ。

月が水面を直射している。桶に映った月の映像は、どうなるのか。そのキーポイントは、月でなく、水のなかの蜆がもっている。


(平成8年・1996)

蛍烏賊噛みて潮の香押し寄せる

海中で発する蛍烏賊の光は、実に微妙できれいだ。春が来ると、蛍烏賊は旬。蛍烏賊には、味を明るくふるまっている雰囲気がある。日本海の富山産は有名。海面を青白い光で動く様子は、テレビでも報道されて馴染みのある春の風物のひ

とつに数えられる。

あの青白い発光によって、蛍烏賊への親近感がなんとなく醸し出されてくるから不思議だ。特に確たる理屈はない。

微風が吹く春の夕方から夜へと移っていく頃、小料理屋の卓上には、今朝獲れたという蛍烏賊と酒。そこには、味をぐっと楽しもうとの強い意志が整っている。早速、口の中に入れて蛍烏賊を噛んだ。潮の香りを含んだ味が口中にじんわりと広がっていく。まさに潮の香がぐいぐいと口中に押し寄せてくる気分だ。旨いと思う蛍烏賊の味の中に潮の香がちゃんと支えているのではないか。

好みでいえば、蛍烏賊は大きいのよりも、むしろ小さいほうがいい。旬の蛍烏賊を味わう時間は、まわりのにぎやかな歓声が上がるナイターの野球中継にも、あまり気に留めることなく進む。

「今年の味も、またいいですね。」

潮の香をどう運んできたのか。蛍烏賊にとっては知る由もない質問ということになる。


（平成10年・1998）

立山のうす桃色に笑い初む

山に神は宿るのか。やはり宿っているという思い込みこそ、山の神の存在を意味づける道程なのかもしれない。こんな問いかけは、山中である日、ふと想起する感慨のひとつとも思える。

立山には神は存在する。あの険峻な威容に思わず賛嘆するというのも納得できるところであり、立山に生息する鳥の神にも、興味と好奇心は高まるばかりだ。鳥の神としての雷鳥は、「ゴァー、ゴァー」という嗄れ声で圧倒するといわれる。冬・夏それぞれ羽の色を変えて自然色に融和。もし、出会うようなことがあれば、さいわいなるかな、である。

もう今年も、立山に春が訪れている雲の動きだが、春の眠りからはっきりと目覚めたような気配はまだない。冬の立山の雄姿をそのまま残しながら、それでも、周りの景色は少しずつ変容して行く。

春へのわずかな歩調は、立山をうす桃色の空で囲み、浮かび上がらせようとしている。ほどなく春の眠りからほどなく覚めるに違いない。ゆっくりとした山容の色彩の変わりようにつながっていくのかもしれない。そのとき、うす桃色の空がさらに濃くなって春を謳歌する気分に酔うことになるのだろうか。

立山のうす桃色は、春を迎える笑い初めなのかもしれない。

「今日の立山は、いい桃色になりましたね。」

（平成８年・１９９６）

風車古代を偲ぶごと回る

タイのスコータイ歴史公園には、ワット・マハタートを始めとする仏教寺院など遺跡が残っている。崩れた城壁跡が往時の戦いを物語っていた。攻撃、守備の果てしない戦闘状態は、過酷なものであったと想像される。この静かな情景、野

いま存在する。

鳥が飛び交っている空の景色は、戦いの歴史からまったく別世界の場面となって

往時への思いを巡らせて、城壁の外に出たところで小さなみやげ屋を見つけた。いろんな小物が店頭に飾られていた。その中で野鳥を模した鳥の玩具（三羽をつるして後尾に風車をつけたもの）が気に入った。風を受けてくるくるとスピードを上げて回っている。その回り方は、風の吹くままという状態。止まったかと思えば、また急に動き出す。

かの時代の野鳥も、この広い城の中を自在に飛びまわっていたことだろう。野鳥もまたスコータイ王朝の城の周辺を住み処としていたとすれば、目の前で尾羽が回っている野鳥（玩具）とも無縁であるとは思えない。古代を偲んで、かの時代の野鳥に似たところがあってほしいものだが、どうだろう。

その野鳥は、いまわが家の小さい庭の梅の木のそばで動き揺れている。三羽の動きは、それぞれに風の受け方が違うせいか一様でない。尾羽の回転の絶妙さに思わず見とれてしまうときがある。

〈回れ回れ尾羽よ、もっと風を受けて〉と声援を送りたくなる。（平成10年・1998）

全山の新芽に朝の陽の射せり

新芽が勢いを増して木々の色と形を変容していく様子は、季節感の持つさわやかさの一面だ。その変容ぶりが裾野から全山に広がっていく時期は、なにか弾む思いが湧き上がってくる。新芽が彩る緑の鮮やかさのせいかもしれない。その先

に青空が見えるようだと、いっそういい季節感となる。

朝の陽は静かに新緑を照らしている。その一群にやわらかい日差しが注がれるのと重なって葉が多様に光って見えることがある。今年もまた全山を覆うばかりの新芽の群は、予想もしなかったといえるほどの驚きと明るさを届けてくれた。

驚きというのは、新芽の広がりのテンポが日毎に早く進んだこと。明るさというのは、新芽の勢いによって、山が全体に明るく見えるようになったこと。全山の春の彩りは天候によっても異なる。晴天の日と雨の日では見る側の意識までを変えることがある。

自然のもつ美しい魅力に思わず目を留めるとき、それは急がなくてもいい、ゆっくりとした時間として過ごしたいものだ。

全山を飾る新緑は多彩。浅緑から新緑まで無造作だが、いろいろに織り込んでいる。この山の色が少しずつ変わっていくときも、朝の陽は新芽にやさしく光を注いでいくことだろう。


（昭和63年・1988）

夏

音たつる小川の上を若葉風

四月になると、一挙に花々が開いて生気を漲らせる。さわやかな風の中で、空気をいっぱい吸い込むのは新緑、そして若葉が溢れる山沿いの道。

先輩と一緒になだらかな坂道を登る。一息入れて下っていくとき、せせらぎの音に足を止めた。木々の間から見えるのは小さな川。上流から流れてくる勢いは、しぶきのかかる激しさだ。

木漏れ日の下で、また小休憩。小川を流れる水音を楽しみながら、腰を据える。ちょっと汗ばんだ顔を拭きながら
「水の音がいいですね。」

「そうね。風もなかなかいいじゃないか。」

小川の水は、苔のついた岩の間を縫って流れ落ちていく。岩にぶつかった水は、はじけて飛沫をつくる。時をそのままにして、静かな清涼感がここにも在る。

山道の向こう側にコブシの花が見えた。山に咲くコブシは、やや早めに開花するのだろうか。新緑の山道に彩りを加える白い絵の具だ。

音を立てて流れ下る小川は、これから勢いを増していくに違いない。新緑を謳歌している一つの情景をつくっている。

いつの間にか葉を揺らす風が吹いてきた。若葉風はいつも一定ではない。強く吹くとき、弱く吹くときを織り交ぜて春の季節をやわらかく唄っている。


（平成3年・1991）

渤海の切り立つ崖の夏の鷹

渤海国は七世紀末に中国東北部から朝鮮半島北部にかけて建国された。建国六九八年を起点にして、その勢力を海外にまで誇示してきた。日本には、三十三回の使者を送りこんでおり、日本もまた渤海国へ十三回の使節を派遣したとされ

ている。

渤海国の王城とされた史跡を八月訪ねた。日差しの強い日。山を覆う樹木を掻き分けて、往時の栄華を誇った山城へ登行。実に険しい岩山の曲がりくねった道なき道だ。岩石の横たわる急な傾斜にも、なんとか乗り越えて山頂をめざして進むうちに、先導の歴史学者のO先生がそっと指をさしながら「あの崖の岩の間に鷹がいます。」と合図をしてくれた。その方角を見ると、鷹が前方を凝視しているではないか。おお、鷹だと心の中で叫んでいた。遥かなる渤海の地で思いがけない場面に興奮したことを、いまでも鮮明に覚えている。

鷹の鋭い眼を葉蔭からも確認することができた。そのとき、あの切り立った崖の岩間に、まだ飛べない子鷹の姿がわずかに見えたようにも思えたが。

やがて、われわれ一行のざわめきを察知したのか鷹が飛び立った。「惜しかったなあ」という思いと「なにかほっとした」気分がまじりあったような一瞬であった。

あの子鷹も成長して鋭く迫る眼は、親譲りとの確信はいまも変わらない。


（平成23年・2011）

日に向かい風に乗りたる鯉のぼり

五月の節句が近づくと鯉のぼりの泳ぐ情景が目に入る。この季節には、川の両岸を繋いだ線に沿って、百を越える鯉のぼりが川風を受けて勢い良く泳ぐ映像をテレビの報道で見ることが多くなった。豪華でさわやかな風景である。鯉のぼり

の群像はいよいよ増えている。

茨城県常陸太田の竜神峡では、なんと千匹の鯉のぼりが峡谷の間を縫って風の中を泳いでいる様子が報道された。そのダイナミックな景観は想像を超える規模。かつては〈やねよりたかいこいのぼり　おおきいまごいはおとうさん　ちいさいひごいはこどもたち〉と唄われたように子供の頃、屋根の上を泳ぐ勇ましい鯉のぼりを見てわくわく昂奮したものだが、近年はやや事情が変わってきているようだ。それでも、五月の鯉のぼりはどこでも、存在感を出しているから力強い。泳ぐ情景は、川上にも、マンションのベランダにもある。

五月晴れの空を背景にして、泳ぐ鯉のぼりの精悍さに見惚れることがあっていい。男児の成長を祝い、そして祈る気持ちは今も昔もまったく変わることはないのだ。日に向かって泳いでいる鯉のぼりはまさしく上向き。さらに上位を目指して頑張っているようにも見えるではないか。

風に乗って泳いでいる動きを見るにつけ、祝いに来られた人々の心を和ませながら、しっかりなあという期待感がそこに溢れているようだ。


（平成10年・1998）

風切って巣へまっすぐに親燕

日々の生活のなかで、野鳥の声は今も昔も身近な存在。それは季節を超えた、歳月を越えたところにある確かな位置といえるかもしれない。そんな身近な野鳥が以前のように見かけなくなったということも指摘されている。燕も例外でない

ようである。

燕が街の電線に止まっているとか、家の軒先を飛び回っているなどといった情景は、少なくなってきているのはたしかなところ。

夏近い田んぼの道で見上げた上空は曇天。その雲間の一角から一直線に巣に向かう親燕の飛翔を見た。親燕は、上空を旋回して、まっすぐに巣をめざす。農家の軒下である。子燕が一斉にやかましく声を上げて餌を求めている。餌を得ようとする必死の姿はほほえましくもある。

先日、テレビでは燕の訪れを楽しみにして、毎年その様子を克明に記録している農家の主の様子を伝えていた。ノートには、訪れた最初の日、天候やその動きの特徴などが記されていた。いったい、記録するという大変さを支えているものはなんだろうか。まさしく燕に対する惜しみない愛情に違いない、とひとり合点する。

「つばめが去っていく日には、家の上空を旋回して、さようならと挨拶していくんですよ」と語る主の表情は、懐かしさを込めたやわらかな笑顔になっていた。

来年も元気な燕が、この家にやってくる。


（平成26年・2014）

葉桜の小さく揺れて子ら走る

はなやかな桜の季節から葉桜の季節へと移っていく様子は、自然の営みによる新しい次の情景の台頭という動きとなって転回していく。桜の花のにぎわいとは異なり、葉桜は地味に映るけれども、それはそれで陽の輝きを受け止めて葉の茂

りを増していく情景は、ひとつの趣を添えている。

桜の大木には、さまざまな虫が寄り合い忙しく動いている。こうした虫の働きも葉桜へと移る時期には活発になってくる。改めて、小さな虫たちの活動に関心を呼び起こす機会ともなる。

葉桜となった樹の下では、子らの声が弾んでいる。陽を遮った木陰は、格好の遊び場だ。それでも木陰が多いわけではなく、陽の射し込んでいるところも随所にある。いわば、陽の部分と影の部分をあちこちしながら、小さな子らが駆けまわっている。楽しさいっぱいの時間であることが伝わってきた。

そんな折、桜の木が両岸に立ち並び葉桜が川面に揺れていた情景を思い起こしていた。金沢の街を流れる浅瀬川は、ゆったりとした古都の風情をつくる。川波がきらきらと見えるのは、五月の光だ。大きな葉桜の木陰は岸辺を散歩する大人たちの小憩の場。子犬たちもちょっと立ち止まる。

微風が吹いてきた。葉桜が小さく揺れる静かな情景と子らの弾んだ声は、意外に相性がいいようだ。


（平成18年・２００６）

万緑や谷から空へ風駆ける

滴る新緑、奇形連なる岸壁、満々と流れる川。〈緑・岩・川〉の組み合わせから、醸し出されてくるのは、ゆったりとした安堵感。いいなぁと思う心地よさにじっくり浸ることになる。

船下りの波に揺られながら、聴こえてくるのは【貌鼻追分】。客が聞き惚れる船頭の歌は朗々と川に、岸壁にこだましていく。

＊　船を浮かべて棹させば
　　曇りがちなる心の空もネ
　　晴してくれます獅子ヶ鼻＊

船から見上げれば、高い岸壁と新緑の木々の間から、青い空が見える。岩や樹にさえぎられて、空がずっと遠く高い。それだけいまいる船の位置が谷間の流れの中にある雰囲気だ。それにしても、頬をよぎる風が、こんなにやわらかく感じられるのはどうしたものか。目を閉れば、いよいよ調子を上げてきた船頭の追分節が新しい旅情を呼ぶ。

日本百景に選定された〈狗鼻渓〉には、四季それぞれの美しさがあるといわれる。川には、たくさんの蟹や鮎も。また眼を閉じて連想すれば、なんと卓上に並べられているのは川蟹のすまし汁、焼き鮎の数々。美景とともに乾杯せずにはおられない。

（平成16年・２００４）

賑はいの一つ一つの胡蝶蘭

花は、それぞれに固有の美しさをもっている。それゆえに花の魅力は多様であり、ひとつの形象で表現するのは、むずかしいことを誰しも経験している。花と見る側のその時の状況によって、美観というのは変化するものらしい。

ときに興味を呼ぶのは、華やかな花の表情のなかにも、孤影のあることを察したり、また可憐さの奥に垣間見える神秘さを感じることがある。果たして見える印象をそのままに受け止めて、花の世界にどこまで踏み込んで魅せられようとするのか。

胡蝶蘭が放射する魅力も、また多様といわなければならない。そこには、豊かな品性が備わっているという見方は、おおむね共感を呼ぶ。

祝意を込めて贈られてきた見事な胡蝶蘭を、家のどこに置くのか。これも、実はけっこう大きな問題といえる。その場所を決めるのに右往左往となるわけで、まあまあの線で落ち着ける。位置が決まれば、あとはその美しさ、その品性を再見して喜びを味わうことができる。胡蝶蘭のステータスのもつ強さというべきか。

胡蝶蘭が大きな白い蝶となってまわりを包むとき、そこはもう一つ一つが賑わいの明るい舞台。奥行きのある魅力を目の前に、改めて胡蝶蘭の美しさを静かに胸中で味わうことになる。

（平成20年・2008）

風吹くや雨待つ貌の雨蛙

天気はしばしば変わりやすいもの。それだけに、旅行スケジュールなどで天気予報の的中をひそかに期待する気持ちは、一様に強いといえる。天候がビジネスに影響するというと、ぴんとくる向きもあろうが、やはり大いに関連があって、

天気予測を情報提供して、話題となっている事業会社も出てきている。

いま世の関心を高めている地球環境の保全問題、地球の暖冬現象をどうするのか、気温二度の上昇が自然界に甚大な、しかも深刻な影響を与えるということになれば、日々の天候や気温の変化はまさに生活、そして生命に直結した重要事項となる。

さて、そんな動きはなんのその。雨蛙には、ずぅーと一角を見つめながら、なにかを待っている表情があった。雨だろうか。

水溜まりの上にある木の枝で、木陰の奥の低地で、川岸の叢の中で、じっと待機している。場所は特定しているわけではない。近づくと、ぴょんと飛び去るだけの器用さはなかなかのもの。

雨蛙の力はどこにあるのか。それは、眼だ。さぁと吹いて来た風をちょっと気にした素振りの雨蛙は、いつもと同じようにその貌には、やはり雨を待っているような雰囲気が漂っていた。

夕方には、ひと雨来るかもしれないよ。


（平成6年・1994）

小判草群れ揺れている日暮れかな

夕日が水面を照らしている川の堤には、今年も小判草がまた群れとなって揺れている。しばしば目に止まるこの情景は、揺れる小判草のやさしいというよりも逞しさを感じさせるから面白い。夕風の吹きように任せた小判草のしなやかさは、

群れとなって自在に動いている印象からくるものだろうか。

小判草は、ヨーロッパ原産の帰化植物のひとつ（英名：quaking Grass）。イネ科である。なぜ小判という和名がついたのか。和名は、穂の形が小判に似ていたからであろうといわれている。ちなみに同種のものにヒメコバンソウ(姫小判草)があるけれども、卵形小型の小穂（花序）を付けている。これもヨーロッパ原産の帰化植物。

小穂をつまんで見ると、小判草はちょっとホタルのような形にも似ている。もし小穂の下に灯りが付いたなら、などと想像する。

川堤の小判草を取って、小さな花瓶に差し入れたことがあった。日が経つにつれてしなやかな小判草の雰囲気が、しだいに色褪せていったのはやむを得ないところ。

やはり、川堤の群れの中で、揺れているのが一番ふさわしいのかもしれない。日中の風の中で、また日暮れの風の中で小判草は、位置を失わないのだ。

（平成7年・1995）

木から木へ眼白弾める日の光り

チチチチチ・チチチチチと木陰から元気な鳴き声を発しているのは、メジロ(zosterops japonicus)。今朝も早くからの来訪である。やわらかい日差しの中で、庭の餌台に近づくメジロの生態も、興味湧くところだ。

メジロが餌台に乗るまでには、だいたい三つの準備行動をとる。一つ目は、餌台に仲間や強敵がいないかをまずチェックする。二つ目は、いないことが確認されれば、餌台の近くの樹木や葉陰に止まり周囲の状況をすばやく読み取る。三つ目は、餌台に最も近い小枝もしくは木にいったん止まり、餌台に直行する。もちろん餌台には、好物がある場合に限定。これまでの経験では、メジロはミカンが好きなようで、リンゴや他の餌類より、はるかに食べる反応が早い。

なんといっても、強敵はヒヨドリ。メジロにとっては嫌悪したい鳥と推察される。当然、そこでは被害者意識が高いはずで、あの餌台にヒヨドリが占拠していれば、もはやメジロの出番はない。

利巧なメジロは、逃げるふりをして近くの葉蔭に隠れて、ひそかにヒヨドリの退散時をうかがっている。ほどなく退散すると、もうメジロの大チャンス。大仰にいえば生存を賭けた食糧確保の機会となる。

今朝も好物のみかんをそっと餌台へ。メジロは、果たしてヒヨドリの前に来てチャンスをものにできるのだろうか。

（平成12年・2000）

光風や高き霊峰雲ふたつ

晴れた日、雨の日、雪の日、いつもはるかに見えるのは霊山。霊山（海抜七六五・八ｍ）は、伊賀と伊勢を分ける布引山地の北端にある。その中腹にあるのは霊山寺。古くは平安時代から信仰の対象として近在の人た

ちから親しまれてきたと伝えられる。少年時代から仰ぎ見て、いま心の中にも在る故郷の大きな山である。

山の高さからいえば、それほどのことはないけれども、伊賀盆地のなかでは、その姿は悠然とさえ見える。朝な夕なに眺望する霊山の峰は、山としての位置づけとともに、少年にとっては雄大なものへの畏敬の念のようなものがあったと振り返る。

地元に人たちにとって霊山に対して抱く親しげな思いは、設立された中学校の校名を「霊峰中学校」と命名することに繋がった。今日までよき伝統を継承している。

新緑の時期を迎えた霊峰には、全山を覆うばかりの樹木群も新しい装いとなる。〝風よ霊山に来たれ、若葉を縫ってやさしく渡れ〟との気持が高まる。いままで鬱蒼としていた暗い樹林にも、しだいに明るく剛い彩りが加わっていく。光風の季節は、峰の色を変容していくではないか。

晴れた霊峰の上には、白い雲がゆったりとふたつ浮かんでいる。

（平成18年・2006）

泰山木白し座しゐるごとくなり

泰山木（タイザンボク）の魅力は、なんといってもあのゆったりとした白い大きな花。まわりの気温、風、土地、陽光などを包容した悠々たる様子から醸し出される雰囲気は快い。林の中で聳えていても、庭の一角にあっても、あたり一帯

を明るくしている。その明るさが空の色とはっきりと区分して、周囲の情景の中に違和感なくのどかな色彩をつくっている。

　葉は濃い緑色で固いけれども、それだけに白い花の表情と似会っている。泰山木の白い花に寄せる思いは、静かな夕方に向かうひととき、ふと望郷の念が高まる場面に繋がっているのかもしれない。

　モクレン科に属する泰山木は、別名ハクレンボクとも呼ばれ、もともと遠く北アメリカ南部に分布する常緑樹木。日本には、明治時代の初めに入ってきた。多くの人たちには、そうだったのかと意外性をもって受け止められるのではないだろうか。

　白い大きな花びらがぼたりと落ちた後に寂寥感は残る。やはり泰山木は、ゆったりと構えて咲かせなければならないのだ。どっしり座しているかのような様子には、泰山木の持ち味を表徴して広い安定感がある。

　大きな泰山木は、大きな白い花を開かせる。六月から七月への時期に陽の中で、その花の生命を輝かせている。やがて、大きな白い花の芳香に酔う夏の近い日が来る。

（昭和59年・１９８４）

国境の河滔々と夏深む

国境という言葉のもつ響きは日々の生活の中であまり実感がない、と言っていいほど。けれども、観点を換えれば国際場面での国境に位置付けは、きわめて重大な国の問題でもある。

二〇一一年八月に中国黒龍江省で開催された研究フォーラムに参加。間隙をぬって省内各地を訪ねる機会を得た。そのひとつが中国とロシアの国境線上に立つという場面を経験したわけである。

黒龍江は、中国とロシアを結ぶ大きな河。滔々たる流れには、両岸の景色を吸収するかの如き勢いがあった。八月の国境の空は青く、白雲も浮かんでいた。このような青さは、確かに北京や上海の灰色の空とは異なる美しさでもある。現地案内を聞きながら、両岸に眼を配る。

「いま通っている黒龍江の真ん中が中国とロシアの国境ラインですよ」との説明にちょっと驚いたというよりも、衝撃的であったというのが実感だ。

国境というものの形を改めてみる思いであった。黒龍江の流れに写る青空の輝きは、いよいよ夏の盛りを表示しているように受け止めたところである。ロシア側の林の奥には小さな建物が見えた。揺れながら帰船した後、周囲を散策。

雑草のおい茂る一角にトマトの木が小さな実をつけている。赤いトマトの実は、雑草の中でひときわ光って見えた。

（平成23年・2011）

七夕の笹撫でており園児の手

五節句のひとつである七夕は、たなばた祭りとなって、初夏の雰囲気を盛り上げる。なかでも、仙台や平塚の祭りは長い歴史をもつ。街の中にも、駅頭にも賑やかな飾り付けはいっそう七夕への思いを高めることになる。彦星と織姫の一年

ぶりの逢瀬はほとんど話題の外ということだろうか。

東海道の辻堂駅には、毎年近くの幼稚園の園児がつくった笹の七夕が駅のなかに飾られ、乗り降りする乗客の目と気持ちを和ませてくれる。園児たちの思い思いの願い事が短冊に書き添えられて七月七日の夕べを迎えるわけである。

星に願いを託すというのは、これまで園児の先輩たちも経験してきたことでもあった。母親に手をしっかり握られた子、友達との会話に夢中になっている子、さまざまな情景が駅の七夕を囲んで、楽しい場面をつくっている。

飾り付けが整うまで幼稚園の先生、園児、そして母親も加わって七夕を完成させたものと想像される。いろんな苦労もいっぱいに記された短冊を目の前にすれば、安堵とともに「よかった」「きれいだ」との感慨をじっくり実感できたのにちがいない。

さいわい七夕の夜は、わずかだけれど上空に星が見えた。今夜は星のまたたく下で、園児たちは歓声を上げてそのひとときを抱きしめていることだろう。笹を撫でている園児の手よ。今夜はゆっくり眠れるかな。


（平成24年・2012）

笹原を来る風音や古城夏

細い山道は、山上を目指す岩の道でもあった。岩と岩との隙間こそ唯一の通るべき道になっている。その山上に史跡がある。七世紀末から九世紀にかけて中国東北地域に勢力を誇示した渤海国の山城である。眼下に見える鏡泊湖は輸送や戦

略上の要路として機能していた、と伝えられている。

夏の日の山城行きは、山登りが苦手だけに、大丈夫かなと登る前から心配したところであったが、それらを吹き飛ばして切羽詰まっての決意表明でもあった。

岩に手をかけ岩をよじ登りながらの難行の後、やっと辿りついたときの安堵感は、確かにその時点で達成感にも通じたひとときであった。岩と笹原で覆われた山城の史跡には、笹原を揺らして音を立てる風に勢いがあった。笹原のざわめきのなかで、かつて千年を越える前時代の山城で、全山に響いた音はどんなものであったのだろうか。

響き渡る音は、渤海国の戦闘警鐘として、あるいは仲間への情報、戦いを挑むための合図であったかもしれない。笹の林となった山上の一角は、激しい戦場の址を偲ぶささやかな舞台の趣。いま涼感を乗せた風は、鏡泊湖から吹き上げてきたようだ。湖面は陽を受けて穏やかな表情。山城跡を囲む笹群は大きな広がりとなって、茂みをつくっていた。

風音がしばらく消えたとき、静かな夏の午後が、そこに在った。


（平成23年・2011）

長梅雨の海辺に拾ふ貝ひとつ

「今年の梅雨は長いですね」という言葉の背景には、そろそろ梅雨明けになってほしいとの願望の意が込められているようだ。梅雨の効用もあるはずだが、実情では長梅雨はほとんど歓迎されない。

その年、長い梅雨となっていたが、しばらくぶりに晴れ間となり海岸に出る。強い日差しや明るい空は、きわめて新鮮な味だ。

さいわいにも梅雨の合間の青空。海岸は、かなりの人出である。待っていた陽の光への共鳴といえようか。泡立つ波のうねりは、波音とともにはげしい。晴れ間とはいえ、海の色は泥色交じりで早春時とは大きな違いを見せている。

砂浜はどうだろうか。寄せては返す波状で打ち上げられた雑物は多い。そこで目に止めたいのが、美しい貝。小さい貝はさくら貝、大きい貝は巻貝、その貝殻である。水際に沿って、ずっーと歩く。やがて、貝を取ろうとしているのか、遠方の景色をじっくり眺めようとしているのか、その時の気分のままに。

海面のきらめきが、海辺の明るい情景をさらに強調していく誘因力となる。波打ち際の近くで、やっとさくら貝を拾うことができた。

小さいさくら貝の貝殻は、白くほんのりとしたさくら色。かわいい感触は、さくら貝の魅力のポイントか。長梅雨の収穫はこれで十分。

（平成11年・1999）

廃壁の仏像に濃き夏日かな

さらりとした夏日のなかで、廃壁の向こうに見える仏像の威厳と慈悲に満ちた表情は、感動を高める。

タイ北部に位置するスコータイの歴史公園は、タイ族最古のスコータイ王朝の都跡。〈スコータイの歴史上の町〉としてユネスコの世界遺産に登録されている。広大な古跡は廃壁が重なりその中に仏像（ワット・シーチュム）が座している。十三世紀から十四世紀の半ばを制覇したスコータイ王朝の威風が偲ばれる。激しい戦闘の日々民族間の抗争の時代に人々に求められたのは、心の安寧と想像するとき、廃壁の仏像への思いは時代を流れる強い響きとなっていたのではないだろうか。

現代においても、タイの仏教への帰依する心はまことに篤い。街頭で時折見かける若い修業僧に対する人々のまなざしは温かく、敬意が込められている。仏教の影響が、タイの歴史の流れの中に定着し人々の心のよりどころとしての位置を占めていることに理解しなければいけない、と強く思う。

歴史公園では、野鳥が盛んに飛び交い鳴き声は静かな都跡に反響する。地上に降りて来ることはなく、木から木への移動パターン。

二月のスコータイはすでに夏日。広い公園を散策したが、木陰は少なく古跡の中を辿る。ときおり、吹いてくる風はさわやかで頬に快かった。夏日のなかに改めて、ワット・シーチュムを遠望する。

（平成22年・２０１０）

炎天の鉄路の下を蟻通る

近年の夏の暑さは、異常といえるほど。国内各地とも猛暑のなかで、涼感を求めるのに苦戦中である。この暑さをどう乗り越えるか、避けられない問題ともいえる。身の回りの近くに涼しい場所を探すというのは、願望にも似たような気持

となってなかなか落ち着かない。

新幹線で小田原から金沢に向うとき、途中の米原駅で北陸線に乗り換える。近江の夏もまた暑い。あの五月頃には、爽やかな新緑で覆われていた伊吹山の裾野も、すっかり濃い緑の樹林となっている。二月に車窓から眺めた伊吹山頂の雪の白さがふと甦ってきた。

いまの暑さはどうなのか。北陸線のプラットホームから真下の線路を見た。線路を支える敷石は熱そうだが、そこを往来しているのは蟻の一群。その動きが慌ただしいのだ。〝暑中忙〟である。一群といえるような蟻の集まりが、先を目指して懸命に駆けている状態。

何処に行くのか、そこになにがあるのか、やたらに忙しい歩行動作の連続である。

それでも炎天の鉄路という環境にかかわらず、ひたすら群となって先へ進む。それが蟻の習性なのか、生命力なのか。

次の上り列車の時刻にまであまり時間がない。けれども、そんなことに関係なく炎天下の蟻の行動は、一途に続けられていくはずだ。

（平成4年・1992）

廃屋のことさら赤きトマトかな

靴底に小石を踏んだ反応を感じながら、山道を下りると広い田んぼの風景が眼前に広がる。いままでの木々や笹に覆われた情景とは違ってぐっと明るい気持ちが盛り上がってきた。心配していた天候も持ちこたえそうで、まずまずほっとし

た心境。

先導の友人が「おーい、ちょっと一服していこう」と気遣ってくれた。かなり疲労感で重かっただけに、その一声は実にありがたい響きがあった。

声をかけてくれたのは、廃屋の片隅にあったトマトが目にとまったからであろうと想像したものである。そのことは問わないままにしておいた。

廃屋という表現が似つかわしいほどの藁屋根、朽ちた柱の住居跡。その沈んだ風景の中に場違いな赤い色がクローズアップされた。廃屋の赤いトマトは、ひときわ輝いていた。

ここまで山道を歩いて辿りついた、との思いに赤いトマトはぐっと同行者との距離感を縮めたにちがいない。さて、この山道を訪ね来る次の機会はあるのだろうか。その確率はゼロ・パーセントに近いものであろう。

このあと、小さな赤いトマトの味を噛んでいいひとときを、どう共有していくのか。小休憩の際のちょっとした問題でもあった。

下の田んぼから夏風がまた吹いてきた。

（平成23年・２０１１）

源五郎また潜水を繰り返す

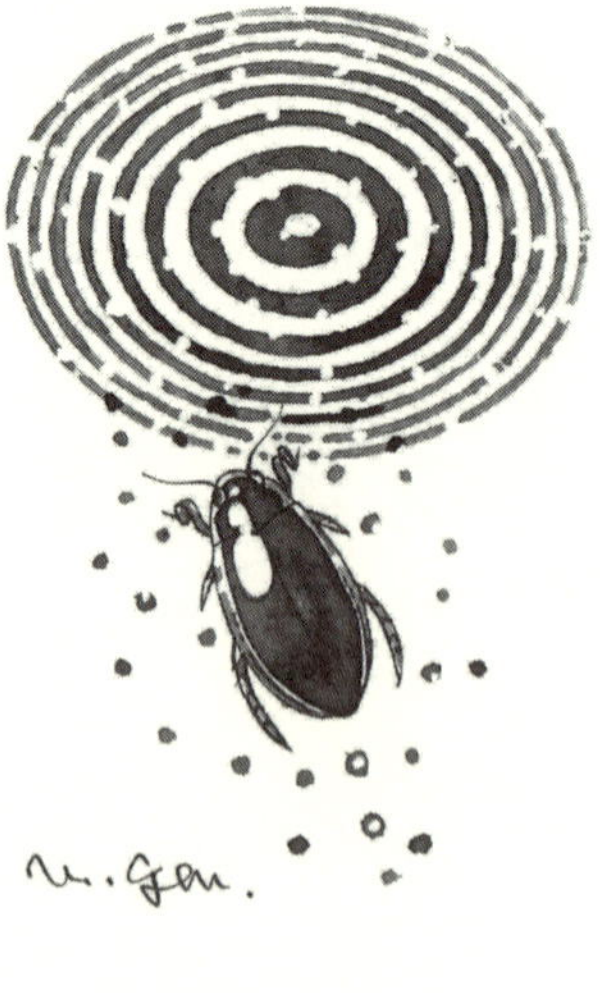

遠くに見える山並みはそれほど高くなく、形容はおっとりとした雰囲気がある。裾野の一角を占める田んぼには、あちこちに溝が通っている。溝がときおり光って見えるのは、陽を受けて溝の水が反射しているせいだ。

この溝の潜水の主は源五郎（ゲンゴロウ）。上翅の後端に赤褐色の紋が二つ付いている。水中を自在に泳ぎまわって、ほとんど止まることはない。潜っては浮上し、また潜っていくパターンが定着。えさを射とめようとする意志は強固なものといえる。

溝に流れてくる水の量はわずかだが、生息する源五郎にとっては貴重な資源となっているようだ。水量の加減が水中昆虫にとっては、生活パターンの変更を余儀なくさせることになるからである。水量が少なくなることによって、活動範囲が狭くなる。一方、水量が多い時はどうなるか。潜水の距離を広げることが可能となる。

潜水から浮上する源五郎の愛嬌あるしぐさは夏日の溝の情景のひとつ。源五郎は、浮上したとき、お尻に付けた空気の泡を水面に出し、また潜ってゆく動作を繰り返す。これは、水中の酸素を泡の中に取り入れるという大事な呼吸方法といわれている。泡は源五郎にとって、生命の維持を図る仕掛けといえるようだ。

日差しが強くなってきた。さあ、源五郎がまた下にもぐっていく。

（平成10年・1998）

梅雨明けや海光島を抱き寄せる

長い梅雨が明けると、一様にほっとする。なにか開放感に似たような広がりである。梅雨が続いているときは、たしかに晴れた日を望む心情が強くなるものだ。それだけに梅雨明けの報を聞くと、文字どおり明るさをひとつ掴んだ気分。晴れ

た空を見上げながら、海の様子も気にかかる。足は近くの海岸へ。

松林を通りぬけて吹いてくる風もさわやかではないか。海岸には、いつもより人出が目立つ。サーフィンを楽しむ若い人も浪間に見える。梅雨明けの海に寄せる期待の大きさかもしれない。

海面は陽を受けて眩しいほど輝いている。波の動きが陽に照らされてきらめく。光る波が二重、三重となって海面をつくり、広がっていく。

まさしく待っていた湘南の海の輝きだ。海色を濃くした波のうねる様は、しばらくぶりに還って来た海の挨拶なのだろうか。丁寧にその挨拶に応えて、海光の美しさを再確認しなければなるまい。

はるかに望む島影も今日は、近くに見える。この大波・小波の輝き、この空の碧さがひとつの情景を描き上げたようだ。きらめく海の光が島を包んでいる。島影がはっきりと見えてくる。波のうねりとともに島が近づいて来るような興奮が高まるのなかで、海光の彼方を遠望する。

梅雨の明けた今日、海光が島を抱き寄せている日となった。


（平成3年・1991）

大陸の高き峰より青葉風

湧き上がってくる雲を眼下にして、ケーブルに乗り、高い石段を登っていくと、眺望がさらに広がっていく。もう景色や雲もすべて眼下のなか。やっとここまで来たのか、という思いは強かった。山の空気の流れには、ひん

やりとしたものが覆っており、雲の合間に見える屹立した岩山の威容、絶壁の下は、浅緑と深緑の波を描いていた。

「だいぶ高いところに来たね」「いやー気持ちがいいよ」と同行の友人と交わす言葉にも、広大な景観に圧倒された満足感が漂っている。それは、眼下の景色を雲のなかにとらえるという贅沢な情景であった。この高地に来るまでの疲労を吹き飛ばすのに十分な味わいといえるものだった。

ここは、中国・湖南省の張家界（世界自然遺産）。雲の向こうに見える山波もゆったりとした表情。それぞれに色彩の濃淡を見せている。高い崖に聳える松の立ち姿は、一幅の山水画を想起させる趣をもっていた。雲を眼下に見るというのは、初めての経験。

〈今ここに立つ〉ことの思いは、なにかじーんと醸し出されて来るしあわせ感に通じるものであったのかもしれない。

宏大そして雄荘な景色に圧倒された人々の声は、一様に弾んでいる。やがて、深緑と浅緑を織り交ぜた眼下の樹林のなかに、青嵐が画然と吹き渡っている情景へと移って行った。

（平成4年・1992）

定年の友薔薇の花抱き立つ

会場の雰囲気は、その日の主役の人柄を映して温かい。いい送別会になりそうだ、との予感があった。出席者の年齢層が幅広く、若い女性の笑顔も賑わいに花を添えている。

ビジネス・パーソンは誰しも六〇歳定年という儀式を経ることになる。
大きな拍手に迎えられて入場してきた主役のKさんはちょっとはにかみながら緊張した面持ち、硬い表情がうかがえた。多くの仕事仲間、役員、後輩、知人に囲まれてライトを浴びるとなると、いつものペースにはいかないのも、むべなるかな、である。

定年まで一社に勤務し長いビジネス活動に一段落を付けるというのは、やはり、大きな設計事業を成し遂げたというべきであろう。人生の青春、朱夏、白秋を歩んでこられた道程は、平坦ではなかったはずだ。

挨拶が始まり、送別会はいっそう盛り上がる。かつての部下であった女性から花束の贈呈。笑顔で受け取ったKさんの表情には万感の思いが込められていたに違いない。目頭をそってぬぐったのは、仲間たちへの惜別の思いか、これからの新しい白秋時代への意気を示す合図であったのだろうか。

謝辞は、Kさんらしい淡々とした言葉のなかに、彼の人生観を織り込んだ含蓄のある内容で結ばれた。

胸に抱えられた薔薇の花は、壇上に立つKさんの微笑によく似合っていた。

（平成14年・２００２）

雨弾き若葉とりわけ輝ける

雨が降ったり、止んだり、ときどき陽が射したり。不安定な天候が続くと、なんとなく気分が滅入るものである。そんな折には、ぱっと明るくなるようなきっかけが欲しいもの。ふと庭に目をやると、木々も雨に濡れている。いままで気付

かなかったことだけれども、若葉の色が鮮やかに見えた。

若葉が固有の光を放っているようだ。光の度合いはそれぞれに違っている様子が面白い。葉の光りの強度は、雨の弾き加減と大いに関係がある、と一人合点したがどんなものだろうか。雨が若葉に降り注ぐ。

若葉は雨を受け止めて、瞬時に雨を弾いている。しばし雨をとどめるのか、それとも弾き落としてしまうのか、即断できないともいえる。

前者の場合、葉の上に止まっている水滴は落ちるようでなかなか落ちない状態。後者の場合、一瞬にして水滴は弾かれ飛び散る状態となる。水滴をはじいた後の若葉は元気がある。ちょっと、無理な理屈になるけれども、葉の表面がぐっと輝いて見えるから。

その輝きは、まるで若葉の周りを活気づけて葉の一つひとつに栄養と激励を送っているかのようだ。浅緑からしだいに色彩を増して濃い色調へ変化して趣をつくる。季節の色合いも、時の推移とともに流れていく。

今日の雨も若葉の色を鮮明にして輝いている。


（平成12年・2000）

風鈴の音すき焼きのなかに溶け

風鈴が大きく鳴る暑い日は、その清涼感がぐっと身近なものになる。
こう猛暑が続くと、いつのまにか風鈴の響きがちょっと気になるものだ。
いったい、風鈴がいいというのは一日の何時頃か。これは一概には言えないところ。早朝、朝、昼、夕方、夜、その時の天候だけでなく、聴く側のありようによっても、響きが違ってくることもうなずけられる。

炎暑の八月、ふるさとで中学の同窓会が開催された。久しぶりである。会場に向かう車中で、友人たちの顔と一緒に、ふるさとの山や川の景色が浮かび上がってきた。到着した会場は、同期の賑やかな和気あいあいの雰囲気である。それぞれの笑顔の中に年輪も包んで、懐かしき楽しい時間となった。

その余韻をそのままに、親しい四人の仲間で広く名を知られたすき焼き〈金谷〉の店へ。中庭の見える二階の座敷で、また杯を重ねた。名代のすき焼きは、鉄鍋の中でいい香りを載せて最高の味に仕立てられる。

「さすが、これはうまい」の連発で牛肉とビールはどんどん減っていく。座は弾んで、汗を拭きながらのすき焼きの部屋に聞こえてきたのは、風鈴のリンリンリン・リーンの涼やかな音。中庭からであった。

酔い心地にじわりと迫ってくるこの清澄な響きを、いつの間にか溶け込んだすき焼きの味とともに楽しんでいた。

（平成19年・2007）

茜雲かかる山嶺蟬しぐれ

夏の夕方には、涼しい風が吹いてきて、暑かった昼間の余熱のようなものをさぁーと取り替えてほしいもの。なかなか近年の夕方の涼感は、少ないように思えてならない。それでも、西空に茜色の雲がしだいに色彩をひろげてくると、涼

しくなりそうだと期待ができる。

大きく広がる茜雲は、山嶺を美しく見せた。夕景をいっそう鮮やかに演出するだけでなく、遠い日々を思い出せてくれる映像ともいえた。思い出は、少年時代へとまっすぐ向かっていく。あの頃、なにより遊びが楽しかった。もっぱら遊ぶことで充実感いっぱいだったという感慨は、いまも忘れることはない。

明るい茜雲がしだいに色彩を暗くしてくると、家路に着かなければならない。けれど、まだ遊び足りないので、帰る態勢がなかなか整わない。

「もうちょっといいよ」と言い張って、自分に納得させ仲間と川遊びから離れないのだ。川遊びは、泳ぐこと、魚をとること、砂場で相撲すること、この三つをごちゃまぜにして懸命になるわけだ。

そんなとき、蝉のやかましい鳴き声は、まだ遊んでいても大丈夫だと応援してくれているようにも聞えた。遊びに夢中な少年にとって、〈蝉よ、ありがとう〉の気分さえ抱いていたのかもしれない。

今日も、茜雲に届けとばかり響く蝉の合唱には、一抹の哀愁がある。


（平成16年・2004）

蝸牛雨の一葉を渡りけり

蝸牛（かたつむり）というと、なぜか雨を連想する。雨に濡れながら、わずかずつ、ゆっくりと移動してゆく情景が目に浮かぶ。蝸牛と雨の相性はいいようだ。どちらも、静と動の両面をもっている。

雨の降り方にも型が大事であって、大降りよりも小降りが似合っている。しとしと降るなか、雨に濡れた大きな葉の上を遅々とすすむ。そうした動きを、じっくりと時間をかけて見ていたという経験はないけれども、まずまず着実な歩みといってさしつかえない。

ひとつの葉から次の葉へ移動するのは、相当の時間とエネルギーを要するわけだが、蝸牛にとって、それは日常の生活スタイルということであろうか。

かつて蝸牛の殻を庭で見かけたことがあった。抜け殻の状態である。本体はどうしたのか、どこへ行ったのか、と一瞬、不思議な感じにとらわれたことがあった。いまも納得したわけでなく、そのまま時日を経てきたことになる。

雨が、まだしとしと降り続いている。ゆっくりと移動し渡りきった蝸牛の表情はどんなものだろうか。得意げなしたり顔なのか、淡々とした顔なのか。それを確かめる術はない。

雨の中をすすむ蝸牛は、いつもマイペースを優先しているようだ。

（平成12年・2000）

海風のすがしき夕べ秋近し

海から吹いてくる風は、さまざまな表情をもっている。強い風、やわらかい風、やさしい風、乱れた風、湿っぽい風、乾いた風、潮の香りを乗せた風など。そうした風の表情は、季節によって、またその日の時間帯によって変わってくる。そ

れだけではない。そのときの人の気持ちのありようによって微妙に、大胆に変化してくるからおもしろい。

多くの人たちにとって海風のイメージは明るいのが好きだ。はるか前方に霞んで見える島影を眺めながら、風を胸いっぱいに吸い込むと、憂きことも吹き飛んでいくひとときとなる。その島影は大島。やはり、そこには堂々とした存在感がある。

稜々たる海原は、心の波を洗い癒す力をもっている。殊に気持ちがいいのは、夏の夕方。昼間の強い日差しが次第に弱くなって、やや静かな気配となる夕方の海岸は、なんとも味わい深い景色となる。

島影がはっきりして、吹いてくる海からの風が快い。西前方には、江の島が位置し緑の丘の景色に白い灯台が見える。遠く東側には富士山が聳える。天気のよい日に夕陽を受けて立つ富士山のシルエットは秀逸だ。その美しさを改めて仰ぎ見る。

暮れかかる波間に見え隠れしているのはサーフンを楽しむ若者たち。もう秋はそこまで近づいてきている。

（平成16年・1994）

さくらんぼ赤く輝き日を映す

華やかだった桜の花が散って、いつの間にか葉桜へと時は変わっていく。この短い移行期間の後は、葉桜の季節となる。葉桜の季節の中で人気があるのがサクランボ。最高品・佐藤錦までにはほど遠いけれども、庭にある小さな桜の木でサ

クランボを手にすることができると聞いたことがある。花から赤い実になるまで、日に日に成熟していく様子は子供にとって小さな宝物が膨らんで大きくなっていく楽しみ。

成熟度を加えていくにつれて、サクランボは少しずつ膨らみ赤さを濃くしていくわけだ。こうして、もぎ取ってもいい時期が近づいて来る頃には、サクランボの実は、熟度を高めて光沢を増す。

西空を夕焼け雲が広がり明るくなるとき、陽がサクランボに射す。サクランボの実が赤く輝いて見える。実が光り、わずかな風にも葉は揺れ騒ぐ。赤い実がどうなっていくのか、関心を寄せているのは庭に桜の木がある家族だけではない。しばしばやって来る野鳥にとっても、大事な注目点だ。どうも、カラスやムクドリも赤い実に目を付けている。

ここまでつくり上げてきた豊熟のサクランボを野鳥に盗られてたまるか。野鳥の目からそらす術は、実を紙袋で覆い隠すことしかないようである。そんな心配も知らず、いまサクランボは陽に光っている。

（平成21年・２００９）

緑陰や少女らの声弾みあり

暑い夏の涼感を求めるひとつに緑陰という見方は、ほとんど異論のないところ。やはり緑陰に憩う時間は、ほっとする安堵感や休息感があることが魅力といえる。一人にときもいいし、四，五人のメンバーでもいい。緑陰は、どの場所かによっ

て、味わい方や過ごし方も変わってくるから興味が募る。

木陰のある公園のベンチでは、いろいろな組み合わせを見ることができる。お母さんと娘さん、会社の同僚たち、恋人たち、中年の二人連など様々だ。そんな情景の中で、友達仲間なのか少女らの明るく弾んだ声、賑やかなやり取りは次から次へと休むことがない。離れているのに楽しげな雰囲気がこちら側にも伝わってくる。

盛夏の暑い日は、緑陰の時間はオアシスとなっているのかもしれない。どの緑陰に当てはまるわけではないけれども、そこにはゆったりと流れる風が欠かせない条件だ。微風といえども木陰を通過するとき、涼感を提供してくれるエネルギー剤となる。

小女らの語らいがまだ続いている。ときどき聴こえてくる笑い声から察すると、まだまだ話題はいっぱいあるようだ。

炎暑の季節でも、清涼感を味わうことのできる緑陰には、ひとりひとりに小さな自由の広間があることを確かめたいものである。


（平成7年・1995）

五月雨や音沁みていく夜となりぬ

昼間の穏やかだった天候も、夕方には西の空から雲がしだいに広がりを見せてきた。五月の天気も変わりやすい。やがて、夜の九時頃には、雨の打つ音が戸を越えて聞こえてくるほどに、強い降りとなっていった。

五月の雨の降りようは、強弱がそのまま音となって響いてくる。屋根や戸に木々の葉にも反響している様子は、静かな夜の時間のなかでなんともリズミカルである。

雨の音がよく聞こえるためには、条件が整わなくてはならない。一つはまわりの静けさがどうだろうかということ。自動車の行き交う騒音があるとすれば、雨の音はかき消されてしまう。もう一つは、雨の音を楽しむ気持ちがどれだけ高まっているだろうかということ。

そのときの気持ちのありようが、雨のもつ落ち着いた情感のひとときと受け止めることができる。そんな思いで夜の五月雨の音を確かめるのもわるくない。雨の打つ音が地上のものに響き、五月の夜の歩調となってリズムをつくっていると解釈したいところ。

夏を迎えるには、もう少し時間がかかるけれども、その間、空に青さが濃くなり、木々の葉が緑の線を太くする。

五月雨の降る期間は短いが、季節感を鮮明にしようとする演出の時間ではないだろうか。

（平成13年・2001）

帰り来て花に聞くごと黒揚羽

暑い日が続くと、どこにいても涼しさへの渇望が高まってくる。わずかな涼感を得てほっとしたときの心地よさは、決して小さい比重とはいえない。〈風よ来たれ〉の思いは、街頭であれ、車中であれ、炎暑の日には、共通のもの。

家の中にいても、やっぱり涼感を求める気持ちに変わりはないと思われる。

今年もまた庭先に、黒揚羽が連れだって飛んで来た。この時期に毎年見かける情景だが、それが黒揚羽の習性かどうか。飛び回り方がほぼ定型的であるのが面白い。隣の庭を越えて東の方角からわが家の庭へ。

連れ立って庭に咲いている草花に、ちょっと止まり、また新しい草花へと飛びまわる。かなり忙しい動きといわなければならない。花から花へと飛びまわるときも、連れ立っての作動となる。一緒に飛ぶことの安堵感だろうか。実はカップルの黒揚羽なのかもしれない。

黒い羽を舞いながらの動きを見ていると、つい花を訪ねて丁寧に挨拶しているようにも受け取られる。花になにかを聞いているかのような風情は、気にかかるところ。「今年は台風のせいで蜜不足、困っていますよ」「暑いなかたいへんですね」その振る舞いには、蝶と花の確固とした永年の友好関係がうかがえる。やがて、あっという間に南の海の方角へ去っていった。

今年も黒揚羽の夏は短く、花を訪ねる忙しい時間は貴重のようだ。


（平成23年・２０１１）

潮騒の遠ざかる朝梅雨明けむ

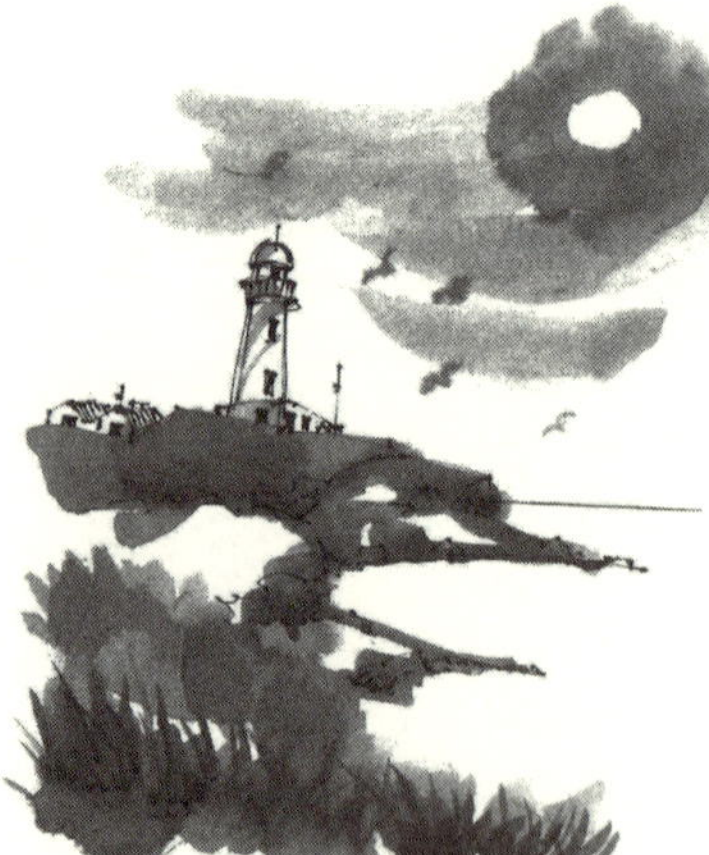

近年、梅雨の期間が長くなったというのが、多くの人たちにとって実感かと思われるが、どんなものだろうか。梅雨が八月にまで続くと及ぶときは、気分的にも重くなるというものだ。

一方で、長梅雨のおかげで水不足の心配がなくなったという効用もあるが。

それはさて置き、梅雨がまだ明けない七月半ばの朝、聞こえてくる潮騒の音の大きさで、梅雨明けの時期を予感したことがある。

その日は、日曜日の早朝、耳を澄ませても、潮騒があまり聞こえなくなった。遠ざかっていったのか。潮騒の小さな音もわるくないなあと思いながら、蒲団のなかで新聞を読む。気象関係の紙面に梅雨明け宣言が報じられている。ようやく梅雨明けとなるのか。その様子を見ようと、海に向かう。

海岸から松林を縫って吹いてくる松風は強いけれども。少しずつ晴れ間が広がってきた海の上空は、なんとなく梅雨明けを思わせる気配だ。

海の色はまだ灰色で寄せてくる波は、荒いと言っていいほど。やがて時間を経て海の色も群青へと変わっていくのだろう。梅雨明けのしばらくの後にまた青い海と白い砂浜、そして人が織りなす情景は、意外に早く戻ってくるかもしれない。

いまはわずかな晴れ間だけれども、気分は広い晴れ間になってきている。すっきりとした青空を見るまでは、もう少し我慢を受け入れようと思う。


（平成12年・2000）

崖覆う若葉の光り風となり

那須街道の五月はまばゆい。陽のなかでようやく新芽がそろって浅緑のさわやかな風景をつくっていた。街道を彩るのは、美しい花の群。

見上げると、茶臼岳。わずかな残雪が白い線となって形状を保っているではないか。春の残雪の形状は、独特の味わいをもつ。白い面積を季節の移ろいに沿ってしだいに狭めていくのは、夏への自然の現象といえる。

那須街道の明るい彩りはまだ続いている。赤いつつじ、薄紫の藤、ところどころに樹幹から見えるのは、遅咲きの桜。車窓をにぎわせる花の風景から移動して、遠く離れると大きな崖の景色が眼前に広がる。

崖を覆っているのは、浅い緑の葉群、そして若葉の群だ。陽の光を受けて葉がそれぞれに光って見える。五月の輝きの力強さは崖の葉に強く照射して、その光が限りなく拡がっていくからであろう。

若葉の群は、光をゆったりと受け止めて揺れている。風が吹いてきたせいだろうか。季節の風をいっぱいに吸い込んだ若葉の群は、揺れる毎に光の位置を変えていく。崖が輝いて見えるのは、若葉群の光だ。その輝きが周りを賑やかに演出していた。光が風とともに動いている気配。

崖に吹く風はきびしく強い。それを受け止めてきた永い歳月の中で、毎年葉をつけ繁らせて崖を覆ってきた生命力には感嘆せざるを得ない。それだけに若葉の光がぐっと冴えて見えてくる。

（平成14年・2002）

林立のビルを抜け行く青嵐

大都会のイメージを象徴する一つは、林立する高層ビルの情景。東京駅前の丸の内・八重洲、新宿、六本木、また墨田川河畔などに立つ高層ビルは、人とともに在り、人を包容してやまない建物である。しかも、こうした高層化傾向は、

二〇二〇年の東京オリンピック・パラリンピック開催を目指して、いっそう加速化していく。

時代は高層化への流れをとどめさせるなんの抑制力を持ち合わせていない。そのビルが林立するなかで、ときに微風が吹く、ときに強風が通り抜けていく。大都会の人は、風を受けながら、日々の生活を織り込んで営みを継続させていくわけだ。

風は四季を通じて人々の生活と繋がりをもっている。田園に広がる風、雪道を走る風、海岸から来る風、山から吹き渡る風、さまざまの舞台である。

建物の間を走る一陣の風に、人々はどう向かおうとするのか。とまどいながら、季節の動きを重ね合わせて感じることがある。

夏近い午後、東京は殊に暑い。わずかな涼感にほっとする経験は少なくない。そんな折、ビルの東から吹いてくる青嵐は大いに歓迎するところ。明るい大風といわれる青嵐は大都会に似合う涼感を運んできている様子。

抜け行く風が強い青嵐であっても、この涼感を享受できるとすれば、まずは結構と言わざるを得ない。

（平成26年・２０１４）

城ある町旬のイサキの焼き加減

しばらくぶりに訪ねた城下町の小料理屋は、表通りの脇を少し曲がったところにある。暖簾の横の案内〈本日のお勧め品〉が目に入った。この店の日本海の魚のうまさは定評がある。店内の客は、多くないけれども、客層が安定しているの

が強み。いつもの場所に友人と座ると、店主の開口一番「ホークスはいいですね」この一言で気分は上々。野球談議の開幕となる。

大活躍する選手への称賛、不調のまま低迷している選手への叱咤。あれやこれやのうちに、酒がじっくり沁みてくる。

野球談議となると、杉浦忠さん、長嶋茂雄さんの時代から先に進まない。いつも日本一の覇を争っていた当時に話題が集中。日本シリーズ（一九五九年）で、わが南海ホークスが巨人ジャイアンツに見事に四連勝した。杉浦投手の涙の四連投・四連勝の興奮と感激を再現して話題は尽きない。なかなか先に進みようがないのだ。

そんなとき、待っていたイサキの塩焼きが皿に載せられて登場。香りもいい、焼き加減もよさそうだ。隠れ巨人ファンの店主の笑顔につい誘われて、また乾杯。「ちょうどイサキの美味いときですよ」「今日来たのは、クリーンヒットでしたね」「心がけがいいですから」

店を出て表通りから見上げると、金沢城の上空には大きな夏の月。幸先良し、今夜はイサキの焼き加減に胸の内でもう一回、乾杯だ。

（平成12年・2000）

蝉しぐれ季節の別離唄うかな

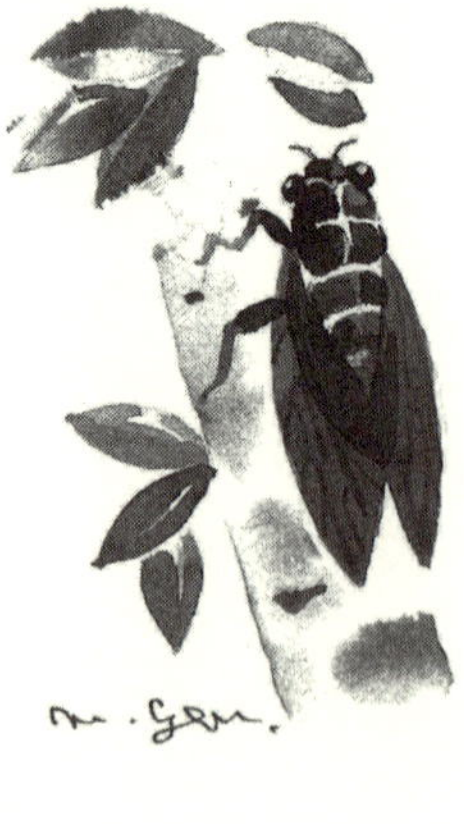

炎暑の日。涼しさがほしいと思う夕暮れ時、大音響となって聞こえてきたのは蝉の声。裾野に、林に、山道に広がる。この音響は、暑かった夏への別離の挨拶のようにも聞こえるけれども、どうもそうした表現だけでは、言い切れないもど

かしさもある。

沈もうとする夕日がしだいに大きくなってきた。やがてそのうち明るさが色を弱めて周囲の景色に影を落としてくる。それでも、蝉の音響はまだまだ止みそうもなく、手に持っていた団扇を大音響に向かって振りたくなる衝動に駆られたものである。それは、「おーい」とでもいえるような蝉しぐれへの共感であったのかもしれない。

なぜ、そんなに高い音響となるのか。まったくの一人見解だが、二つの発生衝動があると想像している。一つには、発生の高い鳴き声のリーダーがいて、その蝉が声を出すことで、周りの蝉が鳴き大きな合唱態勢となる。もう一つは、一本の木に止まっている蝉が何かの刺激か、事情によって鳴き出す。それが木から木へ、さらに山にまで広がり合唱する。

夕日が沈む短いとき、蝉の声は一段と高くなり、蝉しぐれとなるのだ。懸命に鳴いている音響は、ここに生きているぞとそれぞれの存在を朗々と唄ってように聞こえてくる。

（平成18年・２００６）

秋

橋の灯のにじみてゐたり秋の音

秋は静かに寄って来るのだろうか。夏の終わり頃には、漠然と秋の気配を感じるものだ。風の吹きよう、雲の動き、虫の音などが予兆となる。いままで一面に茂っていた土堤の雑草群のなかで、濃い色がやや薄くなってきたことでも分かる。

きびしい残暑が続くと秋の訪れは待ち遠しいところ。

橋の灯は、梅の橋の明かりである。ほのかな灯によって、梅の橋は周りの暗い景色のなかで、ぐっと鮮明な画像となって浮かび上がる。たとえば、月の夜の梅の橋の表情はどうだろうか。それぞれの季節の趣を織り込んで静かな情景とつくっているに違いない。

金沢の浅野川に架かる梅の橋は、かつて江戸時代、東の茶屋街に繰り出すときに渡った橋とされる。

いま瀟洒な造りとなった梅の橋は、夜の灯がつくと、独特の雰囲気を醸し出す。両岸の桜の大きな木々が、いつの季節も艶やかな空気を添えてきた。梅の橋でいくつかの恋が生まれ、いくつかの恋が失われていったことか。

夜に橋の上から眺めると、川波がきらきらと光っている。浅瀬を流れる水の音はほとんど聞こえないくらいだ。もし音を聞くとすれば、川魚が水から跳ね上がるとき。そのあとは、また静かな秋の時間。

今夜は梅の橋の灯がにじんで見える。これも秋がそっと歩み寄ってきた季節の音のせいかもしれない。

（平成10年・1998）

野ぶどうを噛んで夕焼け真っ赤っか

山の端に夕日が沈もうとしていた時刻。磐梯山の山歩きの下り坂では、つい足早になっていた。というのも、下った後に渇いた喉を潤すビールの味を心待ちにしているのが、仲間の共通の思いだった。

つい足の運びもよくなるというもの。仲間の一人が弾んだ声で、「おっ大きな夕日だ」。そこで、立ち止まって山道を覆っている笹を掻き分けると、芒の彼方に美しい大きな夕日が輝いている。その赤い色はその山歩きの珠玉のようなシーンとなった。

下りの山道で見つけた野ぶどうの味は、かなり渋くてとうてい、うまいとはほど遠いもの。丁寧に噛んでうま味を探したが、甲斐なくがっかりした。それでも、夕焼けの美しい広がりは、野ぶどうの苦みを包容するのに足る独特の風景となっていた。

日々の生活の中で、赤い大きな夕日に出くわすことはほとんどない。ときたま車窓から見る夕日も建物や樹木にさえぎられてしまう始末。ゆっくりと見る機会は、やはり広い田園の先、小高い山の向こうに見える夕日でなければならない。野ぶどうの苦みも消えて、赤い夕陽の情景に中に立っていた。下山後のビールの味への期待感は、そのときどこへ行ってしまったのか、すっかり忘れていたのだ。

秋も半ば、芒の景色を見ると、あの赤い夕陽が目の前に浮かんでくる。

（平成16年・２００４）

どこまでも帰燕の空の曇りをり

春の訪れを告げてくれる鳥の中で、ときには上空を、ときには地をかすめるように飛び回る燕の動きはさわやかだ。早ければ三月になると、家の軒下に巣をつくる。その着実な設営に子供の頃、すごいなあと驚嘆したものだった。

巣が完成していつの間にか、やかましいほどの燕の赤ちゃんの声、声。いっせいに口を開いて親燕から餌を待つ必死の表情が眼に残る。

そんな燕の習性は変わらないだろうけれども、なんといっても上面が黒色、腹部が白い、いわゆる燕尾が大きな特徴。燕尾服は定番である。

ところで、都市の住宅構造は燕にとって巣づくりは適していないのではないかと懸念されるところ。そんなことにお構いなく、あのスピード感ある、かろやかな飛翔風景はいつも変わることがない。春の風のなかで、夏の日射しを浴びながら、日本各地で過ごしてきた日々も、やがて南の方に帰るときを迎える。これまでの子育ての思いは、もうすっかり消えているのではあるまいか。

秋の広い空は、いつまでも続かない。帰燕の時期になると、燕たちは帰る準備をそれぞれに怠らない。まっすぐ南を目指していくのだ。どこまでの遠距離となるのだろうか。帰燕するときの空は雲間に覆われて東の方は暗く、天候状態も心配である。そのなかに帰燕の飛影は、あっという間に消えていく。

（平成24年・2012）

三日月の冴えてバンコク夜の明けむ

タイのバンコクでは、三月は学生の夏季休暇となる。街頭の賑わい、郊外の海辺の人出には、一挙に子供や学生の数が増えてくる。
市街の自動車の渋滞となると、もうたいへん。なかなか前に進まないのがバン

コク交通事情の特徴のひとつだ。そんな事情の中にも、四輪車の間を縫ってすいすい飛ばしていくのはオートバイ・タクシーで、これはお馴染みの情景となっている。

複雑な信号の点滅がいっそう渋滞の度を増す。そんな中で目立つは、日本車の多いこと。市内を走る自動車の八割近くが日本車と思えるほど、圧倒的な比率だ。そのうちトヨタ車が約半分。日本の自動車の海外での強さをまざまざと見ることができる。

さて、通勤はどうか。早めに出て、交通渋滞を避けるのは、日本と同様。静かな夜明け前のバンコクの空の表情もまた一興である。涼しい朝を迎えようとしている時刻。暗い色からわずかに明るさが見える頃、仰いだ空には冴えた三日月が超然と輝いていた。鋭く細い形は、まるで鋭利な刃物。きれいである。その近くに大きく輝いているのは、一番星か。時間を刻んで、しだいに明るさが広がりを見せると、暑い日を想わせる夜明けとなる。

三日月が輝く下で静かなひととき、バンコクの朝は明けていく。

（平成16年・2004）

秋に咲く十月桜城の風

さくらは、日本の四月を謳歌するシンボル的な花である。その仲間に十月に咲く種類のものが存在する。秋の半ば金沢・兼六園を訪れたとき、園の一画に〈十月桜〉の標識が掲げられ、周りの景色と調和する位置にあった。秋に咲く桜とい

うことで、どんな花弁なのか、色はどうだろうかと、興味を高めたところだが、その期待に応えてくれるものだった。

小さい花弁で、もも色系統か。きれいな形である。さぁーと一陣の風が城の北のほうから吹いてきた。十月桜は、風に揺られて二、三片舞い落ちる。ちょっと拾ってみようかなと思ったが、そのままにして、また散ってきた花弁の行方を静かに追う。

兼六園の名称は、名園の資格として「宏大・幽邃・人力・蒼古・水泉・眺望」の六つの条件を兼ね備えているとして、贈られたことに由来。三万五千坪といわれる広大な庭園には、樹、池、亭、閣などが見事に配置構成され、興趣を盛り上げる。清澄の池に映った樹木の影が波に揺れて変化するのも、目に留めておきたい風景。池の水は、鮮やかな紅葉に加えて兼六園の美景を変わることなく抱き包んでいるかのようだ。

今年も、十月桜は城の風を受けながら華やかさを抑えて、秋に咲く美しさを保ちつつ存在感を示しているに違いない。

（平成12年・2000）

川に立つ青鷺の背に日の落ちぬ

木曽川に悠然と立っている青鷺（butorides striatus）の姿を車窓から見かけたことがある。たしかに青鷺は、白鷺に比べて見る機会は多くない。大型の鷺で、背面と翼が灰青色・足は黄色。着地すると、じっーと佇んでいるのが定形だ。い

つ飛ぶのか，微動だにしない。

さいわい眺めているときに、飛び立つ姿を見たとすれば、まことにラッキーな機会にめぐりとあったというべきだろう。長い首を延ばし悠々とした振る舞いで、空に向かっていく姿はなかなか魅力的。

それだから、川中の魚をいつ捕らえるのか、いつ飛び立つのかまったくわからない。そんなとき、いらいらするのは避けたいところ。こちら側もじっーと待つ姿勢が必要だ。

その日、金沢の浅野川で見かけた青鷺の動きは、偶然というべきだった。夕方、河畔をふらりと散歩していたときに、川の浅瀬に青みがかった灰色の大きな鳥を見た。青鷺である。

川面を鋭く凝視していた青鷺の背に夕日が当たって、そこだけ光って見える印象的な情景だった。暮色が濃くなり河畔を離れた。もう少し我慢して成り行きを確かめておくべきだったと、後で気にかかった。

青鷺が、意外や魚をすばやく捕らえて悠々と飛び去っていったかもしれない。青鷺の誇示した表情を見落としたとすれば、残念の一言。


（平成13年・2001）

赤べこの首のゆうらり秋の風

赤べこは会津の民芸品として広く知られている。ちょっと首に触れると、大きく揺れる。その表情は、決して同じではない。首のゆうらりと動く様子は、見る人によって違ってくるから面白い。紙を貼り合わせて仕上げた赤べこには、それ

ぞれの表情がある。その表情の裏側にある会津の歴史に思いを巡らせるのも、ひとつの味わい。

庭の縁側に出してみると、愛嬌のある赤べこはなにか動きだすような気配となる。秋の日は秋の風を待っているようなポーズにも受け取れる。

やがて、海からの風がさっーと吹いてくると、待ってましたとばかりにわずかではあるけれども、赤べこの首がゆうらり揺れた。動く場面を見ることができるのである。このような微妙な動きが、赤べこの本来の持ち味なのかもしれない。

ゆうらりと揺れた赤べこの表情は、落ち着いているではないか。こうなると、秋の風がどの季節の風よりも合っているように見えるが、まだ断定するほどの根拠はない。季節と赤べこのゆうらり度の相性は、見る側の心情によっても違うとしても納得のいくところがる。

縁側の赤べこには、そんな詮索はどこ吹く風だ。春の風はどうだろうか。会津の静かな田園風景を思い起こして、来年の新緑の頃、そよ風のなかで赤べこの反応を見ることにしよう。

（平成16年・２００４）

風吹いてコスモス露をこぼしけり

「コスモスはさわやかだ。」「コスモスは強い。」「コスモスは風に揺れているのがいい。」どれも的外れでない、特徴をとらえた表現といえる。
コスモスはどこでも育ち、どこでも花を咲かせると言ったら、そうではないよ、

と反論されるかもしれないが、コスモスの咲いている情景を見ると、そんなにひ弱ではないような気がする。ピンク色、白色、赤色など多彩である。

こんなにも鮮やかなコスモス（cosmos）の原産地はメキシコの高原地帯で、日本には江戸時代の末期に伝わったとされる。そんなに古い話ではない。命名者は、スペインのカバニュス神父。神父はどんな思いでコスモスと名付けたのであろうか。

そこで、さまざまな形象をもつコスモスの花ことばが気にかかるところ。

これまでに〈知らない〉という表現などいくつか挙げられているが、好みから言えば〈華奢な姿のなかに、たくましい愛を秘めている〉と解釈することにしよう。

秋を彩るコスモスの咲く広場はたくさんあるけれども、たとえばＪＲ久里浜駅から京浜急行・久里浜駅につながる小道の前に広がるコスモスの花群風景はなかなかいい。

その中の小さなピンクのコスモスから、ひとつ露がこぼれた。

（平成９年・１９９７）

友よりの桃や若き日思ひつつ

季節の果物は、いつも人の心を和ませてくれる優れもの。折々の季節感を堪能させてくれるだけでなく、果物を通じて心の交流の場面を作ることもできる。
よく晴れた秋の中頃、箱詰めの桃が送られてきた。郡山（福島県）のNさんか

ら送られてきたもの。早速、箱を開いて手に取れば、桃の重み、ソフトな感触がじかに伝わってきた。「これはうまい桃。遠慮なく味わってみてよ」という彼の表情が箱の中に折り込まれているに違いない。友人の得意満面の笑顔が浮かび上ってきた。

案の定、見事な味の豊かさだ。たっぷりと噛み、ゆっくりと味わう。満足感に浸りながら、友人との若き日々をそっと思い出していた。それは、共通した〈おれたちの若き日々〉の頁を繰り開いて見る懐かしさでもある。〈おれたちの若き日〉は今も胸のなかにある。

七〇年代・経済高度成長期の日本の元気な時代。居酒屋では、♪一週間に十日来い　トコトントコトン♪のメロディが賑やかに飲み景気をあおっていた。暖簾をくぐれば、そこは明日への活力のオアシスとなる。そういえば、一週間で五日お店に行ったこともあったような気もする。遊びも仕事も懸命だった若き日々の一駒だったのかもしれない。

〈Nさんの快調ぶりは、また山への挑戦かな。〉限りなく広がる秋空の下、磐梯山の稜々たる山並みが想像されて、またうまい桃を噛む。

（平成20年・2008）

尾花揺れその先揺れて町明かり

秋の夕日は、まわりの景色を静寂に包む。やがて山の彼方に沈む夕日は、敬虔さを帯びながら形を小さくしていく。

尾花（ススキ）の穂先は、やわらかく静かな雰囲気をもっているが風がさぁーと吹くたびに、その揺れ方は大きくなる。道端や河川敷などでは、どこでも見られる情景だ。河川敷の尾花は群生となって茂り、しだいに色を変えていく。夕日の直射を受けると、そこだけ光ってみえる美しさはちょっと新発見といった雰囲気。柔らかさとしなやかさの併存場面である。

風が来て、尾花の波が揺れる。そのうねりの先に町の灯が見える。いままで明るんでいた町の情景が、暮れかかると灯りが少しずつ大きくなってくる。眼下の町の情景を遠望するとき、思わぬ新しい発見がある。それは、建物であったり、道であったりする。自動車や人の動きも無関心ではいられないほど、愛着めいたものが湧き上がってくる。

ススキの群生となると、箱根の仙石原を思い起こす。どこまでも続くススキの野は、箱根の山を背景にして広がっている。陽を受けて穂先が光っているようだ。群がって団をつくる穂先が少しばかりの風で大きな波のうねりとなってたわむれる形状。そのような場面に遭遇するときには、箱根の秋は見る人の気分を高めていることだろう。

（平成7年・1995）

野球の子川原の空の鰯雲

晴れた日の広い川原は、ときに野球場となってユニフォームを着用した子供たちの活躍の場となる。久しぶりに好天となった日曜日は、選手諸君にとって、この日に向けて練習してきたいままでの成果を精いっぱい発揮しなければならな

いチャンスの日でもある。

あの大リーグのイチロー選手やダルビッシュ選手への畏敬と憧れは、強烈なものだ。試合の中でプレーする一投一打に憧れを載せて、自分が主役となって活躍している場面を心に描いているのかもしれない。それは、大事なこと。めざす目標をもっていることこそ、少年の進歩の土台に直結できるというもの。カッコいいプレーは思うようにいかないものだが、次の試合にできるかもしれない、その思いの持続がカギだ。

きびしい監督さんの指示や叱咤をしっかり受け止めて彼はプレーに専念する。川原の野球少年の動きには、必死の場面と諦めの場面が混じり合っているようなところが気にかかる。ここは一番、弱気になるところを我慢してぐっと諦める部分をどう減らすか。やはり最終的には本人の力ということになる。

練習の積み重ねは、野球少年にとって、めざす方向の実現にこそ比重を置くものと期待したくなる。

川原の上は空高く、鰯雲がゆっくりと西の方へ動いて行った。


（平成10年・1998）

露の玉こぼれもせずにきらめけり

前方に見える林までには、かなりの距離がある。一面に広がる田んぼの風景は、ふるさとの味の一つと言っていい。朝の日射しは強いけれども、久しぶりに見た田んぼの風景からは盛り上がってくる清涼感があった。

田んぼを区切る境界線としての畦道は、いつも雑草で覆われている。四季折々の草花が生えている場所でもある。その一角を占めているのがスズメノテッポウ。穂を抜いてピーピーと鳴る音を楽しんだ子供のころを思い起こしていた。

秋が訪れると、雑草の強さも本格的だ。スズメノテッポウの小穂には小さな花が付く。花粉はオレンジ色に近い。

その日、スズメノテッポウの小穂の下に露の玉が留まっていた。その露から放つ光が陽を受けて美しかった。ときどき、風が吹いて来て揺らしているが、露の玉は依然として畦道の一端に安定した位置を保っている。したたかな露の玉の場だ。

こぼれそうでこぼれない露の動きは、陽の中できらめきとなって流動的。拡がる田んぼの風景のなかの微細な場面ではあったが、そのまましばらく、光の変化のおもしろさに目を奪われた。すぐにその場を離れることをためらうほどの力が露の光にあった、といえるようだ。

今頃、露の玉はどの雑草にきらめきを乗せているのだろうか。

（平成13年・２００１）

秋天や神いますごと北穂高

好天に恵まれた信州の秋の山々は、澄み切った奥行きのある多彩な情景となる。美しい景色、うまい空気、清流を湛える川、それこそ形容に枚挙のいとまがない。かつて旅人は、こうした情景に心を満たした。古くから歌や詩に織り込まれてき

たところである。

そのひとつに、秋天高く剛毅に聳えるアルプス連峰を挙げなければならないだろう。

信州を訪ねたのは十月。大学OB会の歓談交流のひととき。松本からバスにて下車。合羽橋に向かう道程は梓川に沿っての移動となったが、木立の紅葉や道端の小さい花を目にすることで気分は高揚していった。かなりの道を歩いたように思われる。それでも、疲労感を覚えることはなかった。

紺碧の空の下、その樹々の間から、なんと山頂に雪を冠した北穂高が見えた。そのとき「おぉー」とでも声を出したのかもしれない。湧き上がる感動を抑えることはできなかった。まるで、そこに神が存在しているのか、と一瞬に敬虔な思いがよぎったのを覚えている。

「あれが北穂高だよ」と同行の先輩が指し示してくれたことで、「えっ、あれが北穂高ですか」と興奮のなかでかろうじて応えた状態。〈山には、神がいるのか〉あのときは、確かに神は存在していたのだ。

限りなく広がる秋天を見上げるとき、北穂高の神が浮かんでくる。

（平成18年・2006）

月赤くいま天心を通りけり

その夜は、ひんやりと感じるほどの気候であった。タクシーで帰ればよかったかなあ、と思いながら、歩いていたのは、川沿いの長い道。周りの田圃の風景も、しだいに都市化現象の影響で新しい住宅が点在するようになった。それでも、ま

だ街の灯りはわずかだ。

小さい川の波が光っているのは、月の灯り。きらきらと光る波の動きは、川のささやきとも形容できる。ちょっと立ち止まって見上げると、月が真上にあった。なんと、月の色が赤みを帯びているではないか。それは、清澄というより豪華な色調をもっていたといえるかもしれない。きれいな秋の月に魅せられたひとときであった。

星がわずかに数えるほどの夜空を月は、堂々とした趣で真上から少しずつ移っていく。月を見ながら、ふと思い起こしたのが中学時代に友人と取り組んだ木星の月の観測のこと。当時、望遠鏡でとらえることのできた四つの月の移動について夜中の一〇時を定刻に観測するというもの。寒さのせいで、サッカーチームのエースであった友人が観察をダウン。

中学サッカー地区大会の決勝戦で惜敗、涙をのんだ。エースを欠いた焦りがメンバーの戦力を空回りさせたのであろう。今は懐かしきかな、である。

月光に照らされた川波の動きは、ときに赤い月と交信しているかのような雰囲気をつくっていた。

（平成12年・２０００）

雲動きモロコシ畑に北の雨

中国の東北地域は、街を少し離れると丘陵と畑の情景。その畑は、延々と続くトウモロコシ畑である。バスは、加速してさらに北に向かう。ちょっと雲行きがあやしいのかなあと思っているうちに、黒い雲は広がってきた。そのうちぽつり

と降りだしてきたが、激しい雨になるまではそう時間が掛からなかった。

トウモロコシに降るかかる雨の強さを車窓から見入っていたものだが、やがて雨が上がり暗雲が消えていくと、前の情景。広大なトウモロコシ畑がまだ続いていた。

高速道路の脇の細い道を雨に濡れた老農夫が、牛を引きながら歩いているのが目に止まった。ゆっくりした表情は、まるで牛に寄り添っているように見える。道路を疾走する自動車群の騒音にはなんのその。マイペースで家路に着く老農夫と牛の歩みは微笑ましかった。あの調子では、さっきの一時的な強い雨にもうろたえなかったのではないか。

けれども、この分だと家路は相当遠いと推察されるが「牛と一緒だと、そう遠いものじゃないよ」といわれるかもしれない。

しだいに明るい空になってきた。その明るさには、北京や上海と違って、透明感がある。中国東北地域の空の特徴といえるようだ。あの老農夫と牛は、急ぐことなく家路を辿ったのであろうか。


（平成23年・２０１１）

朝顔のむらさき雨を包むかな

朝顔の花は、紫色でなければならない。むろん、赤、白、桃色などがあり、それぞれに美しいことは広く認められているところ。それでも、やはり濃い紫色の花弁が最も似つかわしいと思う。

その理由はなにか。大げさなことでなく、単純な感覚によるもの。雨に濡れた紫色の朝顔のもつ趣は、時に妙艶かつ清純。噛みあうはずのない二つの要素が美しいコンビネーションとなって向かってくる。一方に歴史的な存在を表徴するものがあり、他方には現実のなかの美的価値を形容している雰囲気がある。

この朝顔は外来種で、日本に渡来したのは奈良時代もしくは平安時代といわれる。薬用として用いられた経緯があり、現在も漢方薬として活用されている。朝顔の歴史に大きな変化があったのは江戸時代。朝顔ブームが起こり、品種改良や交配が進んで、今日のような多種多様な品種がつくりだされた。

有名なのは、東京・入谷の鬼子母神（真源寺）で行われる「朝顔市」。夏の風物詩となっている。朝顔の原種の花色は薄い青色だった。

さて、花言葉は、〈愛情、平静、愛情の絆、短い愛、明日もさわやかに、はかない恋〉。この言葉からは、妙艶さには連結しないけれども、清純のイメージにつながっていることがうかがえる。愛の形は各様だ。

妙艶さと清純さが共存しているような朝顔の舞台場面はないのだろうか。雨を包んだむらさきの朝顔だけが知っているのかもしれない。

（平成９年・１９９７）

木漏れ日の影や障子に揺らぎをり

木漏れ日の光は、さまざまの情景をつくることでひとつの魅力となる。その光の加減によって、映っている対象の形や印象が変わってくるから面白い。やわらかな木漏れ日には、まわりを織り込んで行く包容力があるようだ。殊に寒い日な

ど林道を歩いているときに体験する木漏れ日の味は、なんとも快適である。屋外だけでなく、家の中でもその面白さを目撃することがあった。

休日の午後、部屋の障子に映った影が揺らいでいるのが見えるではないか。影は木の枝とどうやら蜘蛛の巣。蜘蛛の細い糸がそっと障子に映り、また離れていく小さな情景は、わずかに吹いている風が演出しているようだ。風の吹きようで障子に映る影の動きの変化は早い。

時に風もまた障子の蔭を揺らすという妙手を発揮しているではないか。やわらかい風が待たれるところ。

木漏れ日の影は、多彩な模様を描く。池であれ、道であれ、川であれ、校庭であれ、その光は歓迎されていることが多いように思われる。木漏れの日の持つ光がわずかな暖かさであっても、寒い中でほっとさせるひとときとなることで、好感度を高めているのかもしれない

障子の影がまた揺れている。木漏れ日と風の共同演出が絶妙な雰囲気をつくっている。

（平成25年・２０１３）

月影に音色声色風の盆

橋の上を渡ってくる風は、夜更けにかけて冷たさが加わってくる。それでも、点々と見える灯りがほのぼのとした雰囲気を織り込んで浮かび上がらせている。その日・九月二日は、富山・八尾の〈風の盆〉。友人の案内でホテルを深夜二

時頃に出発した。なぜこの時間帯か。この時間帯が〈風の盆〉を見るのに最もふさわしいと富山の友人の配慮によるもの。沿道は遅い時間とはいえ、たいへんな賑わいを見せていた。

女踊りの艶やかな優雅さ、勇壮な男踊り、哀調の胡弓が一群をつくり、群はそれぞれに町流し、輪踊りなど得意な場面を演出している。一体となって調和のとれた一群の動きは、次から次へと絶え間なく夜のしじまに遠ざかって行く。おわら節が流れて胡弓の哀調籠めた音色は深く八尾の地に、八尾の夜空に響き渡った。

＊八尾よいとこ　おわらの本場

二百十日をオハラ出て踊る＊

上空には雲がかかった月が静かな光を照らしながら、賑わいを楽しんいるようだ。遠くからも聞こえてくるのは、胡弓の音色。その響きには、人の世の営みの哀楽が奏でられているようにも聞こえる。〈風の盆〉は、踊りと音色と風を包んで、また新しい歴史となる。

（平成14年・2002）

黄葉ちるなか雲動くごと見ゆる

秋の神宮球場から聞こえてくる声援は、一段と大きくなってきた。プロ野球、学生野球の熱戦は、球場へと駆り立てる魅力をもっている。時代を越えたその魅力は、昔も今も変わらない。学生野球のヒーローがプロ野球のスターとなって、

大活躍する場面はファンにとってたまらない。

一球ごとに局面が変転していく面白さは、いっそう昂奮を高めていくことになる。そこでは、観客の喜怒哀楽が入り混じり融合して、なんとも言えない不可思議な心理的動揺となって繰り広げられていく。

試合前の「今日はどんな試合になるのだろうか。」といった期待や予想の中にすでに葛藤が始まっているのだ。ときに投手戦、ときに打撃戦を織り込みながら、めざすは勝利の最終回。審判の手が挙がってようやく落ち着く時間となる。

いつものことながら、勝利の日の足取りは軽い。眼前に広がる神宮の森は風を受けて木々が輝いているように見える。やわらかい秋の陽は、森を包んで静かな雰囲気をつくっていた。ときおり強い風が吹いてきて、銀杏が舞い落ちてくる。落葉のスタイルはさまざまに。風の吹きようで舞い散る動きに違いがあって、つい眼を止めてしまう。

黄葉の樹木の上空はまだ青い。空の配色は雲の動きで微妙に変わることがある。今頃は雲もわずかだが、動いているのかなあ。


（平成4年・1992）

穂芒の風にうねりて日暮たり

暮れるには、まだ少し時間がある静かな川沿いの道は、かなり遠くまで続いている。先日の朝方の景色とはちょっと違った印象に思えたものだ。風に揺れている芒の穂はうねりながら、それぞれに位置を確かなものにしている。風の吹き様

をそのまま受け止めてたじろがない。夕暮れ時の芒のもつ独特の表情なのかもしれない。

穂先のやわらかい動きが陽を受けて遠く、近く輝いて見える。芒がひとつの群れとなって川沿いの一画を明るくつくっていた。それは、自然の演出ともいえる情景であった。風に任せて揺れているような印象を越えて日暮れどきに放つ穂芒の意思と受容したいところだが、どうだろうか。

川沿いの道を覆っていた野草も少しずつ色彩を変えてきた。春、夏と季節感を織り込んできた名も知らぬ小さな花々も、いつも間にか消えて行った。秋が深まってきたことを、改めて感じさせられる。それだけに確かな存在感を提示して立っている穂芒の輝きは、こんな静かな日暮れどきに欠かせない季節の表象とも捉えることができよう。

やや水の音が聞こえる川沿いの道を下って行くと、川の流れの中に穂芒の動きが川面に映っていた。暮れかかる夕日が川面を照らすとき、川面の輝きはいっそう強い光彩となる。

風はまだゆるやかだ。来週も日暮れどき、この道を歩いてみようか。

（平成18年・２００６）

冬

しろがねの立山はるか木守柿

晩秋から初冬へと木々は紅葉、黄葉の濃淡を乗せてしだいに、その色彩を弱めていく。今年の秋は短かったという思いは、ついつい話題のひとつともなった。記録破りの暑い夏に閉口していたのも束の間、一挙に冬が来たのかと感じるほど

の変わりようである。

北陸沿線は目前となった新幹線開通の話題でにぎわっている。富山駅は新しい駅舎開設へ向けて最も忙しいときだ。富山駅の前方に見えるのは雄大な立山連峰。雲間に見え隠れしているものの、山容の美しさは不変である。

富山駅を過ぎると、ほどなく立山を望む野が眼前に入ってくる。車窓から見える時間はわずかだが、その景色の中に柿の実が陽を受けてぽつんと見えた。葉を落とした柿の木に残っている実が三つ。秋盛んな頃にはたくさん実をつけていたであろうと想像できる。

いまの実の減り方はどうだろう。激しい風雨で落ちたとか、カラスに絶好の食材として啄ばまれていったとか。冬を迎える季節の流れのなかで、存在する木守柿になんとなく愛着のようなものが涌き上がってくる。

背景には、悠然とそびえる立山連峰。その頂上には、早くも雪を冠してしろがねの連峰を望むことができる。広い野に見える木守柿の存在は、美しい冬の立山を物語るための前舞台と受け止めることにしよう。

明日の夕方には、もう木守柿は二つになっているのかもしれない。

（平成26年・２０１４）

相照らしつつ雪明かり月明かり

雪はしんしんと降っている、野にも山にも町にも。そんな情景を思い浮かべて雪への郷愁を募らせたいところだが、近年、その降雪は確かに少なくなってきている。それでも、雪の美しさを見る機会は消失したわけではない。

●冬●

一月の越後・十日町の雪の情景は忘れることはできない。直江津から越後湯沢へのほくほく線は、林の中を、山の中を走る。その沿線には、広い田園風景が広がっている。名産米〈こしひかり〉もこの近くで収穫される。おいしい米の生産本場。

月の夜のほくほく線は、別世界の形状へと変わる。広い田園風景は、限りなく広がる雪原となる。林を越えて月明かりの下で見えてくるのは、一面の白い原。それが光っているのだ。

白い月に照らされた雪原は、白いきらめきとなって反射してくる。この美しさは、見る人に感動を起こさせずにはいられないだろう。天の明かりと地の明かりが放つ見事な妙味をしばし堪能しなければならない。

沿線の林、田圃、畦道、小屋、そして川はまったく形を潜めて静寂の中にある。これが、ほくほく線の冬の輝きを静かに表現している。

雪明かり、月明かりに光る広い雪原には、地上の白い世界を案内する使者がいるようだ。

（平成11年・1999）

雪吊りの雪なき景を支えつつ

松の大木が大きく枝を延ばして立っている。その堂々たる立ち姿は、一幅の名画となる。周囲の景色を圧倒して空へ向かう樹木も、冬を迎える百万石・金沢では、季節の装いを早めに着手して待機する。

兼六園の冬の衣装を表徴するのは、雪吊り。季節を飾る雪吊りへの期待度は一様に高い。なんといっても、降る雪に松の威容を保ち守護しようとする雪吊りの役割は大きいのだ。

兼六園の冬支度は、雪の降る前に準備を進め、その美しさを顕示しなければならないが、それには条件が伴う。観光客にとって、有利な条件とはどういう状態を指すのだろうか。兼六園の雪吊りを見たいという気持ちは、冬が近づくにつれて高まってくる。

条件のひとつの場面は、雪吊りの縄目にも少し雪があって、小雪がまだ降っている状態。もうひとつは、空が晴れて雪は止み、一面の雪景色のなかで雪吊りと樹木が安定して見える状態。実際はどうだろうか。こうした情景に接する機会は、あまり高い確率ではないようだ。

仮に降雪のなかで雪吊りを見ることができないとしても、確かな美的価値は変わりないわけで、そこはじっくり楽しみたいもの。

今年の冬の兼六園は、晴れた日のなかで松の大木にかかる雪吊りが美しい線をつくり、少し雪を乗せている情景となるだろう。

（平成8年・1996）

車窓這ふ如き雪片ほくほく線

ほくほく線は、上越市犀潟駅から新潟県南魚沼市の六日町駅を結ぶ第3セクターによる路線。金沢駅から乗車すると、途中から車掌が交替して、JR越後湯沢駅に到着となる。年間のほぼ5カ月は積雪の景色を見ることができる。冬の季

●冬●

節を堪能させてくれる路線だ。

車窓に降りかかる雪は次から次へと窓に向かってくる。その雪は風圧で後方へ後方へと窓を這うようにして流れ消えていく。いっこうに止まりそうもないスピードだ。雪は間断なく降り続いている。

外の景色は雪の中で霞んで見える。そんな情景を見ていると、白一面の世界に大きな黒い穴のようなものが浮かび上がってくるではないか。水田で雪が積もらない一帯だ。その黒々とした地点は、白い世界から一転した情景となって不気味な感じでさえある。

ちょっと目を慣らすことで、水田かと気付くまで瞬時にわかるということではなかった。眼前に広がる一面の白い世界に黒の地点のクローズアップは、別世界の大きなキャンパスのように映った。

それにしても、冬の季節の長いほくほく線では、春の到来は想像を超える喜びとなって人々に歓迎されているに違いない。やがて、五月の風が吹く頃には、ほくほく線の車窓から見える雪景色も、次第に遠ざかり黒の地点も青い空を映していると想像する。


（平成6年・1994）

病む友はいかにと思ふ寒椿

冬晴れとはいえ朝の寒気はかなり鋭く、じんと身に沁みる。天気予報では夕方降雨となっていたが、どんなものだろうか。そんな日の昼ごろ、手紙が届けられた。T君からの手紙である。どうしているのかな、と思っていた折だけに中身が

妙に気にかかった。

T君は竹馬の友。小学生時代からずっと一緒である。共に遊び、学んだ仲。夏休み、冬休みの宿題ではずいぶん彼のお世話になった。休暇期間は遊ぶことに夢中だったので宿題は積み残したままという状態。途方にくれたときはT君を訪ね、一挙に宿題を完成させた。いまも忘れられない思い出である。

手紙の内容は、あの元気だったT君が闘病生活に入った由。文面には、弱気な面がにじみ出ていた。〈Tよ、君はいつも人生の波を乗り越えてきたではないか。あの強靭さはどうした〉。まったく予期できなかったことに、驚きと悔しさに駆られた。「やっぱり健康が大切。十分に留意するように」と自分のことより私への心遣いを記した内容であった。彼の闘病との対決は、きわめて困難な過程を辿っているとのこと。

〈元気でいてくれよ。頑張れ〉と胸中で話しながら午後、海に通じている小道を下りていった。予報どおりの小雨となったが、小道の片側には寒椿がきれいに咲いていた。明るくて白い色だ。〈快復へのいい予兆であったたほしいな〉ちょっと雨に濡れながら、そんな思いの高まるのを抑えることができなかった。


（平成22年・2010）

一月の雨が打ちいる荒田かな

一月の雨は、暗雲から粛然と落ちてくる。一段と寒気が加わった風景には、灰色トーンが濃い。そういうときの雨の線は太いはずだ。もし雨に線があるとすれば、街に降る雨よりも、山野を濡らす雨の方がより太い線といえるかもしれない。

ずっと先に広がっている景色は山野。眼前には、荒れた田圃が見える。茫々と雑草に覆われており、枯れた芒も群をなしている。しばらく見なかった田圃の景色は予想をはるかに超える変貌ぶりだ。

荒れ田となって、一月の雨に打たれている。雨は雑草の上に、芒の群の上に降り注ぐ。

かつて稲を刈り取った後の切り株には、一つ一つに雪がこんもり積もって、白い花模様を描いていた。やわらかい日差しを受けると、解けてだんだんと小さくなっていく。雪の花模様は、冬景色を彩る異色の〈田圃花〉ともいえるもの。その情景も昔の話となってしまったのか。荒れ田は、米を作り収穫するという機会を失った田圃は、もはや荒れ地の態。

この田圃で豊作を喜んだ人たちの残影を探すことはなしにしよう。あの人たちの思いはどこに散ったのだろうか。

荒れ田の下から、やがて萌えてくる小さな緑の草に、ちょっと声援を送りたくなってくるではないか。

（平成23年・2011）

粉雪の舞ひ落つ湯舟月あらば

能登の二月は厳寒の中にある。いったい雪と風と空の動きはどうなるのか。気にかかるところだが、ものは考えようで真冬の中でこそ楽しみ、味わえる条件がそろっているというもの。

●冬●

和倉温泉駅に到着。降りると、どんよりとした曇り空。「雪は降るのかなあ」と東京から来た友人は期待顔であった。大きな門から玄関先までの快適なスペース、そしてロビーにはゆったりとした雰囲気がある。長い廊下の一隅には季節の花の歓迎。

冷えた体を温めようと屋上の露天風呂へ急ぐ。そこは、湯けむりで包まれ暖気のあるところ。湯舟から眼下に七尾湾が見える。遠く霞んで見えるのは能登島。船が二艙、漁船だろうか。

厳寒の屋上にある風呂の湯加減は上々。海を見ながら、空も見える。心地よさに浸っているとき、目の前にふわーと飛んできたもの、雪だ。舞ってくる粉雪を手で掴んで、湯に入れた。粉雪は顔にも降りかかる。冷たいわずかの感触が、休息感をしずかに広げていく。

こんな贅沢なひとときに、月はどこにいる。月明かりに舞う粉雪を想像したことがあるだろうか。

雪空のなかに、見つからない月を探そうとしていっそう気持ちが高まった和倉温泉の二月だった。

（平成19年・2007）

香に咽せて双手に受ける甲羅酒

〈海の幸〉も四季折々の恵み品があって結構な味となるが、やはり冬に味わうものが一番。厳冬の二月、小料理屋はおなじみの客と初めての客で賑わっていた。弾んだ女将の声で座が盛り上がる。この時期の味覚の大将はまさしく蟹だ。

殊に蟹の中身はもちろんだが、蟹の甲羅に注いだ日本酒の味はどうだろう。「なんともいえないよ」と客の満足な表情が物語っている。いったい甲羅酒は、いつから親しまれるようになったか。それほどこだわることでもないが、そのきっかけを想像するのも一興。ことの成り行きは意外に単純だったのかもしれない。かの昔、酒好きな連中が、ふとしたはずみで甲羅のなかにこぼれた酒を思わずすすったのが発端。「これはいける」という声があちこちに広がって、とまあ想像する次第だが、どうだろうか。

ともかく、冬の味覚の大将・蟹をさらに楽しませてくれる甲羅酒への讃辞は惜しまないところ。甲羅酒良味規定・第一条に注目しよう。［甲羅酒は酒の香りを包むようにして、双手で口にしなければならない」

その香りと熱い酒が一気に身体に注がれる贅沢を大切にしたいもの。小料理屋の賑わいが続いているなかで、甲羅酒は大きな貢献を果たしている、と認定しよう。こうなると、地域文化の一翼を担っているような思いとなってくる。甲羅酒よ、厳寒のなかで今年も貢献しているね。

（平成12年・2000）

餌台に眼白来てをり寒日和

餌台にはいつものようにみかんを載せてある。餌を目指して眼白が寄ってくる。寒日和の朝の動きだ。その動きは、なかなか慎重である。それが眼白の流儀なのかもしれない。

その流儀をおおまかに観察すると、こんな展開になる。
①餌台からちょっと離れた木に止まって周囲の様子を見る。
②周囲の他の鳥が寄ってくるかどうかを確認して、餌台に届いている小枝にとまる。
③もういちど周囲（餌台の下にも注意）の動きを見て、餌台に降りてくる。
④餌を突っつく毎に必ず首を挙げて食べていて大丈夫かを確認する。

だいたい、このような動きをどの眼白もとっている。わが家の小さな庭で餌をめぐる鳥たちの攻防戦では、眼白の強敵はまさしくヒヨドリ。強敵といっても、来襲されるとすぐ逃げて行かなければならないほどの力の違いは歴然。

ヒヨドリのけたたましい鳴き声は迫力がある。野鳥の世界では、力ある者の脅威から避けるのは当然の理。餌台に来るまでの慎重な行動、一口食べるたびに上げる警戒顔、それがあってこそ生存を可能にするともいえる。ヒヨドリの来ない朝には、眼白はもっと楽しんでほしい。

（平成18年・２００６）

枯れ芒雨滴とどめてをりにけり

街のにぎわいから離れた郊外を流れる川は、今日もゆったりとした表情を見せている。初冬の鈍い陽が川面を照らしているが、光は小さい。

川の東岸には、色褪せた芒が一角を占めて群となっている。ほとんど枯れているような状態だ。

小雨模様からしだいに強い雨になってきた夕方、川岸の枯れ芒にふと目がとまった。雨の中の芒を見ているうちに、夏の川岸に茂っていた一群の情景が思い起こされた。

晩夏の川岸で風の勢いのまま揺れていた芒の穂先が光って見えるのは、夕日を受けたとき。やわらかい穂先の輝きは、静かな川の夕暮れによく似合っていた。芒の一群は、川に沿って長いといえるほどの芒の道をつくっていた。

川の西岸は雑草の一帯でかなり広い。その後ろの見えるのは竹藪だ。竹藪といえば、雨の吸収率はきわめて高い。強い雨、弱い雨を呑み込んでしまう懐の深さがある。

その景色が一変して、いまはどうだろう。眼の前の芒は、まったく勢いをもたずに冬の季節の中にある。土の下では、やがて来る春への準備が始まっているのかもしれない。

眼を転じて東岸へ。まだ枯れ芒は雨滴をとどめている。


（平成6年・1994）

粉雪を吸い込む岸の葦の群

ほくほく線の冬景色は雪に覆われた山、林、田圃、そして川ということになる。連峰は雪山をつくり、林は雪の中にわずかに木々の存在を示している。広大な田圃は、雪一面の雪原を形づくる。雪の舞うその遠方にかすかに見えるのは、越後

の山。

川にも、うす氷が張っており、その上に雪は降り注いでいる。雪原の中を一条の黒い帯となって映るのは川だ。車窓から見えるほくほく線の川は、ほとんど黒の色。大きな白いキャンパスに、太い黒の線状が鮮やかに浮き上がって見える。黒い帯状は、ちょっと不気味さを漂わせているが、実はそれが冬のほくほく線の魅力ともいえそうだ。ときおり、沿線に見え隠れする家々の鋭い屋根の形は、一方で雪との決然とした戦いを表明したものと受け取れる。

黒く見える川は、冬の間その色を換えることはない。ほくほく線の厳冬の季節を静かに表現する絵具なのかもしれない。

川岸に群生している葦が吹きなぐる雪を吸い込んでいる。そうした情景から見える葦の力量はたしかなものだ。かなりの吹雪にも、耐えて受け止めている。そのしなやかさは、強靭というのがふさわしい。

ほくほく線の川に生息する葦のパワーは、冬のほくほく線の「小さな巨人」と言ったら、誉め過ぎだろうか。

（平成5年・1993）

戸を濡らす雨やわらかし春隣

屋根を打つ雨の音で、ふと目覚めることがある。雨が戸を打つ音は、小さな反響となって聞こえてくる。それほど強い音ではないけれど、雨の降り具合などあれこれ予想してみる。

やわらかく聞こえる雨音は、春への確かな歩みとほぼ軌道を同じにしたもの。いよいよ春到来かな、と気にかけるときもある。早春から春への歩調は、必ずしも明確なものではないけれど天候の変化、気温の推移などによっても影響を受けることになる。花の開花時期も、当然のことながら流動的となる。花の咲くのを待つ、暖かい日射しを待つというのは、春隣のひとつの形かもしれない。

それでも、春が来るぞという感じ方は、共通のものがある。戸に響く雨の音が低く聞こえてくる頃には、早春から本格的な春への移行点といえそうだ。もうすぐ春が来るという時期は周りの彩りが一斉に表面に出てくる。少しずつというポーズではなく、力強い歩調となって春への季節感を強調する。

「もう春が近くに来ていますよ」という合図が戸を濡らす雨だったのだろうか。春隣の時期から、まっすぐに陽光の春へと進行していく動きには、いつもさわやかさが傍に連れ添っている。

案外、人々はそれぞれに三月上旬頃の春隣をちゃんと実感しているように思われてならない。

（平成4年・1992）

蠟梅の香の青空となりにけり

静かな朝方、黄色の花弁から醸し出される蠟梅の香りは、実に印象的だ。快い甘さを載せながら部屋のなかにも入ってくる。
それだけで確かな安堵感。いまでこそ、早春の日に蠟梅の香りに接することに

なったけれども、実現まではちょっと道のりがあった。贈られてきた蠟梅を見て、「来年どんなふうに咲くのかなあ」と楽しみにして移植したものだが、〈そうは問屋が卸さない〉。

待てども花をつけることなく経過。翌年も、ついに花を見ることなく季節は移った。蠟梅の小さな葉が揺れるばかり。

三年目、ようやく開花となった。これはひとつの感激の場面。蠟梅の香りをいっぱいに感じるときの朝の空気は新鮮だ。そこには、香りは空へと広がっていくような余韻が生まれる。

その先に見えるのは、早春の青い空。やっと開いた蠟梅の花に「よく咲いてくれたね」とさりげなく言ってやりたい気分になる。あのときは、もう無理なのかもしれないと、半ば諦めていたことは誰にも言うまい。開花して小さな香りを感じることができたのは、予想以上に心地よい時間となった。

部屋で香りに酔わせ、こんどは空へその香りを放とうとする。春が近づくひととき、蠟梅にもういちど声をかけてみようか。


（平成8年・1996）

新年

静かなる浜の広さに凧上がる

松風の渡る小選を抜けると、眼前には相模湾、江の島の情景がクローズアップしてくる。寄せくる波は正月の陽を受けて、まぶしいくらいだ。鵠沼から辻堂、茅ヶ崎にかけての海岸沿いの遊歩道には散歩する人、ジョギングする人、自転車でゆっ

くり進む人など賑わっている。ほどほどの風のやわらかさが人気を呼んでいるようだ。

その遊歩道の一角にある辻堂海岸には『浜辺の歌』碑が建っている。地元の郷土史研究会によって平成二一年に設置された歌碑によれば、あの有名な〈あした浜辺をさまよえば　昔のことぞ　しのばるる…〉の作詞者・林古渓は幼き日、辻堂海岸とご縁があったという。当時、羽鳥小学校の教師であった父に連れられて辻堂海岸を散策。美しい江の島を眺めながら浜辺で遊んだ楽しい幼き日を思い浮べて古渓は、三〇数年後に『浜辺の歌』を作詞した、と紹介されている。

それから時を経て、辻堂海岸はどう変わったのだろうか。サーフィンを楽しむ若者がいる。正月の浜辺には凧が上がっている。砂浜を走る子らの動きは元気いっぱいだ。古渓も少年期、この砂浜で凧を上げたかもしれない。そんな想像を駆り立てるような雰囲気があった。

辻堂海岸の浜辺には、また大きく波が寄せて来た。静かな浜のきらめきはどこまでも果てしない。

（平成7年・1995）

松飾雪を降らせてゐるごとし

その年、金沢も久しぶりの正月の雪となった。北陸の冬は雪が多いという印象はあるけれども、暖冬あり、厳寒ありでさまざまな天気模様となる。降雪も、また多い年、少ない年が出てくる。やっぱり、正月は雪の金沢の雪吊りの情景が似

合っている。数年ぶり正月の雪は、なにか楽しさを包んだ空からの贈り物のような感じを抱かせた。

浅野川に架かる構を渡って上り坂の道も、うっすらとした雪化粧。この様子では、卯辰山あたりは一面の雪景色に違いない。橋から街路へ行き交う人や自動車の数も雪のせいか少ないようだ。

浅野川の浅瀬の一角は薄氷が張っていた。秋には紅葉を浮かべて流れていた水の勢いは、ぐっと力を弱めている。川畔の野草も雪を冠っているが、早春への態勢を整えていることだろう。

街路を曲がると、塀に囲まれた屋敷が続く。屋根にはうっすらと雪。間の前に立つ松飾が整然と立っている。新年を迎える祝いの気分が松飾からも伝わってくる。粉雪が小休みなく降っていたが、しだいに大きな雪に変わってきた。

やがて、大きな雪が松飾の上に降ってきた。まるで松飾が雪を降らせているかのように見える。〈降ってくるのは大歓迎だよ〉と松飾がささやく。

新年は、ささやきの中でしだいに暮れなずんで行く。

（平成8年・1996）

駅伝の襷二日の日の中を

駅伝といえば、多くの人たちが関心を寄せる人気の定番。なかでも、いまや各層、各地から高い人気をもつのが「箱根駅伝」（東京箱根間往復大学駅伝競走）。一九二〇年（大正九年）にスタートした大会は、第八六回（二〇一〇年）を数え

て燦然たる伝統をもつ。

正月の二日・三日は、沿道の人たちにとって駅伝応援は目を離せない正月行事のひとつといえるほどだ。その広がりは、戦国駅伝といわれるように、筋書きのない熱闘のドラマとなって展開する。それだけ出場各校のレベルが接近。見る側にとっては、波乱おおいに歓迎かもしれない。

毎年のことながら、正月の二日は、目覚めは早い。大手町からの力走ぶりをテレビとラジオで確認しながら、すでに気持ちは応援場所の辻堂・浜見山に跳んでいる。通過予定の一時間前に応援旗を自転車に乗せて駆けつけると、応援委員会のメンバーとの新年の挨拶もほどほどに箱根に向かって走ってくる戦況に集中。沿道では目の前を走る選手に名前で呼びかけたり、「がんばれ!」「行け、行け!」の声援が飛び交う。

三日は、復路を応援。ゴールまで応援は絶えることはない。赤い襷に託された熱い思いは、選手も、OB・OGも一体のもの。勝者と敗者の峻別と拍手のなかで、予想を超える熾烈な戦いが続く。

沿道の人の波も、感動の波となってゴールを目指すのだ。　(平成10年・2010)

❖春

● もくじ ●

❖夏

● もくじ ●

❖秋

❖冬

❖新年

あとがき

やわらかい湘南の風が潮の香りを乗せて、松林の間を縫って吹いて来る。木々の新緑は、新しい季節の到来を謳歌している。このような時期に、『俳風画風・百句』を刊行できたことは、快い風を全身に受け止めているような実感である。

その折々の趣の高まりや自然への感動場面によって、詠んできた俳句を自分の歩みの一情景として表現することも、また佳しとする気持ちが続いていたのかもしれない。俳句への思いということになると、やはり、中学一年の秋にふるさとの《芭蕉祭》(芭蕉・生誕地の伊賀上野)で特選に選ばれたことが、最も大きなきっかけになったと振り返る。

そのときの余韻のようなものが長い間にわたり沈潜していて、四〇代になって改めて関心を高め、五〇代になって詠む機会を増やすようになり、六〇代へと繫げて行った。いよいよ句をまとめる場の車中の登場は、五〇代前半。一挙に自分なりの俳句への魅力にとりこまれていった時期であった。

車中からは同時期に二つの情景をとらえることができた。新幹線・岐阜羽島近く木曽川沿いの菜の花とほくほく線・十日町の雪の林。この妙味が句を詠むうえで、どれほど気分を高めてくれたことか。
〈俳句をつくってみよう〉との意思と行動は、五〇代前半から同時に進行していった。ひたすら句をつくるときの時間のなかには、ゆったりとした空間に自分を置く楽しさ、与えられた条件のなかで詠むことの充実感などが在ったにちがいない。

時を映し、時を越え、時のなかで詠む

俳句は、その折々の情景や思いを句に写して、車中の辻堂―金沢間一周（辻堂―小田原―米原―金沢―越後湯沢―東京―辻堂）のコースのなかで、原句を整えることに取り組んだが、戸惑うばかりであった。その間、先輩諸氏、俳句講座の先生方には、温かいご指導をいただいた。

画による絶妙の味で画風を構成されたのは、多面な活躍の〈夢中厳〉佐々木国男氏（株式会社ムゲンデザイン取締役社長）。もう四十年を越える好調の交流である。本書は、まさしく同氏との協働作品といえよう。刊行にあたっては、リンケージ・パブリッシングの取締役社長・岩村信寿氏にいろいろとご支援を得た。

多くの方々に御礼の意を表します。『俳風画風・百句』から爽やかな風が吹いて来るとすれば、望外の喜びとするところである。

二〇一六年　風光り新緑滴る日に

服　部　治

【著者紹介】

服部　治（はっとり　おさむ）

金沢星稜大学名誉教授。松蔭大学特任教授。日本経営学会会員。日本日中関係学会会員。1960年中央大学法学部卒業。1982−91年立教大学出講。1983−91年社団法人近代的労使関係研究協会理事。

主な著書　『現代経営学総論』（編著）白桃書房（1992),『人的資源管理要論』（編著）晃洋書房（2000),『現代経営行動論』晃洋書房〈日本労働ペンクラブ賞・2005年度〉

＊参考資料
・内田りゅう／写真・文『田んぼの生き物図鑑』山と渓谷社（2006）
・門田裕一／写真・熊田達夫『街・里の野草』小学館（1997）
・唐沢孝一著・薮内正幸画『都市鳥ウォッチング』講談社（1992）

2016年6月11日　初版第一刷発行

俳風画風・百句

©著　者　　服部　　治

発行者　　岩村信寿

発行所　リンケージ・パブリッシング　〒140-0004 東京都品川区南品川 6-11-3
TEL 03(3471)7412 FAX 03(6745)1553

発売所　株式会社 星雲社　〒112-0012 東京都文京区大塚 3-21-10
TEL 03(3947)1021 FAX 03(3947)1617

乱丁・落丁はお取り替えいたします　●印刷・製本　シナノ書籍印刷株式会社
ISBN978-4-434-21935-1　Printed in Japan